*clave*

**Patricia Ramírez**, conocida como Patri Psicóloga, es psicóloga, escritora, conferenciante y divulgadora en diferentes medios de comunicación. Es licenciada en Psicología, tiene un máster en Psicología clínica y de la salud y un doctorado del Departamento de Personalidad, Evaluación y Tratamiento Psicológico de la Universidad de Granada.

En 2017 fue galardonada con el Premio del Colegio Oficial de Psicólogos de Andalucía Oriental a la mejor divulgadora en redes sociales, y en 2024 obtuvo el Premio MIA 2024 a la mujer más influyente de Aragón en la categoría de divulgación y generación de contenido. Desde sus redes y su clínica online tiene un objetivo claro: mejorar la vida de las personas.

Es autora de doce libros, entre los que destacan: *Vivir con serenidad*, *Somos fuerza* y *Cuenta contigo*, el cual lleva más de once ediciones. Colabora habitualmente en radio, prensa, revistas y televisión, en especial en *Para todos la 2* de TVE. Desde 2021 está de gira por España con cinco obras de teatro que acercan la psicología al público desde el humor y el rigor.

Para más información, visita la página web de la autora: www.patripsicologa.com

También puedes seguir a Patricia Ramírez en Instagram: @patri_psicologa

**Óscar García Junyent**, más conocido solo por su nombre de pila, Óscar, es exfutbolista y entrenador de fútbol. Como deportista desarrolló la mayor parte de su carrera profesional entre el FC Barcelona y el RCD Español. Tras colgar las botas, Óscar inició su carrera como entrenador en la selección de Cataluña Sub-18, para ponerse más tarde al frente del equipo Juvenil A del FC Barcelona. Posteriormente pasó a dirigir el Maccabi Tel Aviv FC y el Brighton.

# PATRICIA RAMÍREZ LOEFFLER
# ÓSCAR GARCÍA JUNYENT

## Así lideras, así compites

Todo lo que necesitas saber
para sacar lo mejor de tu gente

DEBOLS!LLO

Papel certificado por el Forest Stewardship Council®

Penguin
Random House
Grupo Editorial

Primera edición en Debolsillo: enero de 2026

© 2015, Patricia Ramírez Loeffler y Óscar García Junyent
© 2015, 2026, Penguin Random House Grupo Editorial, S.A.U.
Travessera de Gràcia, 47-49. 08021 Barcelona
Diseño de la cubierta: Penguin Random House Grupo Editorial / Meritxell Mateu
Imagen de la cubierta: © Joan Tomàs

*Printed in Spain* – Impreso en España

ISBN: 978-84-663-9014-9
Depósito legal: B-19.583-2025

Compuesto en M. I. Maquetación, S. L.
Impreso en Novoprint
Sant Andreu de la Barca (Barcelona)

P 3 9 0 1 4 9

# Índice

Prólogo . . . . . . . . . . . . . . . . . . . . . . . . . . . . . . . . . .     11
Introducción . . . . . . . . . . . . . . . . . . . . . . . . . . . . . .     15

1. ¿Quién es un líder? . . . . . . . . . . . . . . . . . . . . . .     19
2. Aprender de los grandes . . . . . . . . . . . . . . . . . . . .     35
3. Pigmalión, Mateo y el poder de las expectativas . . . . . .     47
4. Un equipo unido es capaz de todo . . . . . . . . . . . . . . .     59
5. Más zanahoria y menos palo . . . . . . . . . . . . . . . . . .     83
6. La clave es la confianza: si no crees en tu equipo,
   nadie lo hará por ti . . . . . . . . . . . . . . . . . . . . . . .    101
7. No son los resultados, lo que importa es el rendimiento.
   Objetivos para ver el norte . . . . . . . . . . . . . . . . . . .    123
8. Hablar y escuchar es comunicar . . . . . . . . . . . . . . . .    145
9. Los valores son nuestra identidad . . . . . . . . . . . . . . .    169
10. Cómo soportar la presión . . . . . . . . . . . . . . . . . . . .    183
11. La importancia de tener a tu equipo motivado . . . . . . .    201
12. Cómo relacionarse con los padres para que sumen
    y no presionen . . . . . . . . . . . . . . . . . . . . . . . . . . .    219

Agradecimientos . . . . . . . . . . . . . . . . . . . . . . . . . . . .    237

*A mi amor Andrés. Gracias por tu tiempo, por la revisión de cada palabra del libro, por tu criterio y sentido común. Siempre te he dicho que serías un gran entrenador, no solo por tu visión inteligente del fútbol, sino porque tu calidad humana y comprensión hacen que todos a los que entrenas te respeten y valoren.*

*A dos personas a las que lidero y amo. Carmen y Pablo. No sé si lo estoy haciendo bien o mal, pero os aseguro que trato de superarme cada día para que seáis felices y personas de bien. Y a las pequeñas, cada año, menos pequeñas.*

PATRICIA

*A las personas más importantes de mi vida que son mis hijas Mariona, Jana y Emma. Gracias a ellas soy mejor persona, me dan lecciones de madurez cada día, me regalan su amor incondicional y me enseñan a dar valor a las cosas realmente importantes. Me hacen sentir orgulloso de ser su líder y muy responsable para no fallarles nunca. A mi familia por haberme educado priorizando los valores, a mis amigos por serlo con mayúsculas y a todos mis compañeros y entrenadores porque sin ellos no sería lo que soy ni sabría lo que sé.*

ÓSCAR

# 1

# Prólogo

## Liderazgo: el entrenador, un llevador de grupos

Seguramente no habrá nadie más expuesto a la crítica social que un entrenador de fútbol; la envergadura que tiene cada decisión que toma va más allá de lo meramente deportivo. Pero hay una crítica que debe importarle mucho más, que verdaderamente es dañina para el trabajo diario, y es la que proviene de su propio vestuario. El entrenador tiene que ganarse el derecho a ser el líder del grupo día a día.

Un entrenador de fútbol es un llevador de grupos, y su grupo es uno de los más difíciles que se pueda encontrar. Deberá manejarse entre gente joven, entre personas con formas de ser diferentes, con unos egos muy definidos y muy egoístas. Si a esto le añades la popularidad y el dinero fácil, todo junto se convierte en un cóctel difícil de manejar para el entrenador.

El líder (entrenador), en cuanto entre por la puerta del vestuario, estará siendo examinado por el grupo, que intentará hallar sus puntos débiles y sus fallos, y es ahí donde el líder debe demostrar su liderazgo.

Un líder convence, la mejor táctica es aquella que todos entienden y dan por buena. Y para llegar a ese punto, el entrenador debe saber transmitir el mensaje y convencer.

La unidad del grupo hará más fuerte a su líder. Un grupo unido, con objetivos claros y definidos, tendrá la posibilidad de luchar por lograr grandes objetivos.

Un líder es aquel que genera confianza. Si un miembro del grupo piensa que el líder no cree en él, todo empezará a fallar. En el mundo del fútbol los jugadores más importantes son aquellos que no participan de forma habitual. Es el líder quien debe estar junto a ellos y convencerles de su importancia dentro del colectivo.

El líder es un comunicador, su mensaje tiene que llegar claro y convencer. Pero igual de importante es saber escuchar, la comunicación debe establecerse en ambas direcciones. Escuchar a cada uno de los miembros del grupo, sus problemas e inquietudes, hará más fuerte el liderazgo del entrenador, y generará un campo de confianza importante.

El mundo del fútbol está muy vivo en los medios de comunicación, y el público en general juzga a cada miembro del grupo. Aquí es donde el grupo más valora la defensa y el liderazgo de un buen entrenador y llevador de grupos. El entrenador que es capaz de sobrellevar la presión del resultado, y descargar en sus espaldas toda la responsabilidad del trabajo, consigue que su grupo de futbolistas crea y confíe en él.

Por último, un buen líder es aquel que mantiene a su grupo siempre muy motivado. Y es aquí donde intervienen otras personas del vestuario.

Un entrenador es líder y llevador de grupos, pero no solo de 25 futbolistas, también de médicos, fisioterapeutas, masajistas, utilleros, delegado, preparador físico, segundo entrenador, entrenador de porteros y chofer de autobús.

Es importante que el mensaje que cada uno de ellos envía a los jugadores sea positivo y genere confianza. A lo largo de una jornada, son muchas las horas que los futbolistas pasan en manos del masajista, con el médico, etc.

Es el entrenador quien debe crear un buen ambiente de trabajo, sabiendo dar a cada uno de ellos su lugar y transmitirles confianza. De esta forma todos se sentirán parte del grupo y valorados por el líder en su trabajo.

Por lo tanto, es el líder quien debe tener claro el norte, cómo llegar y la manera de hacerlo. Para ello tiene que convencer al grupo y marcar unos valores a seguir. Marcar una hoja de ruta a seguir por todos hará que el líder no esté expuesto solamente al resultado de cada partido.

Últimamente, al fútbol moderno se ha unido la figura del psicólogo. En este aspecto mi experiencia es positiva. Tuve la suerte de trabajar durante dos años con Patricia Ramírez y fue una compañera de viaje valiosa.

Los líderes también necesitan el apoyo de buenos profesionales y, muchas veces, aclarar ideas.

PEPE MEL

# Introducción

¿Diriges personas, futbolistas, alumnos, trabajadores... o quizá una familia? En este libro encontrarás la manera práctica de llegar a las personas que dependen de ti. Esas personas de las que debes sacar lo mejor para que tengan éxito en la vida. Esas personas a las que tú puedes hacer mejores de lo que son si las diriges con criterio, paciencia y benevolencia.

*Así lideras, así compites* surge después de observar como muchos líderes siguen abusando de la autoridad, menosprecian la diversión y el humor, y piensan que su equipo necesita más palo y menos zanahoria. El sentido común y los resultados dicen todo lo contrario. Los trabajadores motivados, los que fluyen en su trabajo o los que valoran a su líder por ser su motivador, rinden más. Nadie quiere cambiar de puesto de trabajo cuando se encuentra a gusto en el que está. Y la gente tiende a devolver lo que recibe. Si ofreces comprensión, humanidad y compromiso, y un modelo de liderazgo que trabaje a la par que tus jugadores, alumnos y trabajadores, tomando decisiones, apoyándolos y esperando lo mejor de ellos, todos te devolverán lo mismo.

El mundo está lleno de jefes sin empatía, autoritarios, que siguen pensando que sus trabajadores y jugadores no harían nada si no fuera porque ellos son exigentes. Son los mismos que subestiman la motivación e ilusión por el aprendizaje y el trabajo bien hecho de quien lo ejerce. Pero esos jefes no son líderes.

Tú, solo por el hecho de haber comprado o de que te hayan regalado este libro, ya demuestras un interés por conocer otra visión del liderazgo. Tú estás abriendo la mente. Es sencillo, solo tienes que preguntarte cómo te gustaría que te dirigieran a ti. Con paciencia, benevolencia, criterio y argumentos, con saber estar y con motivación. ¿Por qué iba a ser diferente lo que deseamos para nosotros, de lo que necesitan las personas que dependen de nosotros?

En los veinte años que llevo ejerciendo como psicóloga, he visto mucho talento desperdiciado, bajas laborales por estrés y ansiedad, personas que no consiguen dar la talla por la presión que tienen de sus jefes, y muchas situaciones humillantes e injustas que te marcan de por vida. Situaciones que generan rabia e ira en quien las sufre. Estilos de liderazgo que se cargan a personas, por abuso de autoridad, falta de competencias o maldad. No siempre es por desconocimiento. Y también existen muchos tiranos que aprovechan su posición jerárquica superior para proyectar sus frustraciones y malos sentimientos en los más débiles.

Tanto si es por falta de formación, por incredulidad con otros estilos de liderazgo o por motivación por aprender una forma distinta de liderar, aquí encontrarás una visión diferente, optimista, democrática, empática, apasionada y justa, de liderar.

Mis libros son prácticos y fáciles de leer. No tendrás ninguna dificultad para entender que con la pizarra del míster no basta.

Son doce capítulos que abordan el liderazgo de forma integral, con temas como la motivación, las expectativas, los ejemplos de liderazgo, la comunicación, los objetivos y cómo trasladar confianza y seguridad.

El liderazgo se entrena, como se entrena cualquier actitud o competencia en la que deseamos mejorar y superarnos. Entrenar es leer, sacar tus propias conclusiones, trabajar en lo que estimes oportuno y repetir los ejercicios hasta que los conviertas en un hábito. Y luego, valora. Pídele a los tuyos que te expresen cómo se sienten ahora contigo, desde su estado de bienestar hasta si ha influido en su rendimiento, pasando por el clima general del equipo. ¿Se sienten más seguros, más tranquilos, más felices?

No te excuses en el «yo soy así» para no cambiar. No permitas, si está en tus manos, que los que diriges no valoren tu trabajo porque te dejaste llevar por tu forma inapropiada de liderar. Tienes herramientas, información, metodología. Pon todo a tu servicio para ser un jefe mejor.

Jamás olvidarás a un mal jefe, pero tampoco olvidarás nunca a un buen líder.

# 1

# ¿Quién es un líder?

> Gestión es hacer las cosas bien, liderazgo es hacer lo correcto.
>
> PETER DRUCKER

No todo el mundo está capacitado para dirigir personas. Ni todo el mundo desea cargar con esa responsabilidad. Dirigir personas es gestionar emociones, objetivos, motivaciones, dificultades. Navegar con rumbo para que todos los que dependen de ti encuentren su puerto.

## ¿Quién puede dirigir personas?

Cuando naces no te entregan un manual con los roles que vas a desempeñar en tu vida. Liderar personas es un paso más para quien lo elija. Las directrices del buen liderazgo no vienen en el código genético, por lo que puedes prepararte cuando tú lo desees… y cruzar los dedos para que tu buena formación, experiencia y buen hacer sean valorados por quien tiene que darte la oportunidad y responsabilidad de dirigir.

Y ahora te estarás preguntando en qué tendrías que formarte. Antes de seguir leyendo, prueba a coger papel y lápiz y describir al mejor jefe que has tenido, o si no has tenido jefe, a aquella persona a la que identificas como un gran líder. ¿Cómo se comporta, cómo se expresa, cómo se viste, qué valores tiene, qué siente, qué transmite?

**Ejercicio 1**

Mi mejor jefe fue...
Si yo fuera él le copiaría:

- Su fuerza para animar.
- La calma que tuvo mientras aprendía el oficio.
- No reprocharme cada error y motivarme para que lo intentara otra vez.
- ...

Formarte para ser un buen entrenador implica potenciar todo aquello que te llevará a sacar lo mejor de tu grupo. Se trata de mejorar una serie de habilidades relacionadas con la comunicación, los valores, la gestión de emociones, la toma de decisiones, la solución de conflictos y el conocimiento de las personas, entre otras. No dejes nada al azar.

Estas son las características del buen entrenador:

1. **Es una persona clara y va de frente.** Esta virtud genera tranquilidad en el ambiente de trabajo. No tienes que consultar un código para descifrar sus intenciones o estar interpretando si tiene un buen día o no, si es el momento de consultarle una duda porque pueda sentarle mal. Es una persona con la que no necesitas anticipar cómo se ha levantado para elegir cómo debes tratarla.

2. **Transmite valores y se comporta de forma coherente con los mismos.** Los valores son los que cada uno elija. Forman parte de tu filosofía de vida, definen qué estás dispuesto a tolerar y cuáles son tus límites, y te posicionan como la persona que eres. Dan sentido a tu forma de actuar contigo mismo y con los demás. Valores como la lealtad, el compromiso, la humildad, el trabajo, el esfuerzo, el

sacrificio, la generosidad, la benevolencia, la cohesión, la honestidad o la disciplina permiten que el grupo al que diriges sepa qué tiene que respetar y a qué atenerse para pertenecer a él. Eso sí, tú eres su máximo representante y tendrás que ser el modelo de conducta de todo lo que prediques.

3. **Tiene un *locus* de control interno.** Se responsabiliza de sus éxitos y de sus fracasos y busca factores internos propios y del grupo para justificar la responsabilidad de su trabajo. Si deseas que tus jugadores y trabajadores sean responsables y autocríticos, tú también tienes que serlo contigo mismo. Pregúntate qué más podrías haber hecho para conseguir el objetivo en lugar de centrar la atención en lo que no depende de ti. Pregúntate cómo motivar al grupo, cómo sacar lo mejor de ellos, cómo inculcarles los valores, la filosofía y la metodología de trabajo para que exista mayor sinergia.

Es cierto que parte del entorno no lo controlas, y de que existe un *locus* de control externo que te condiciona, que influye y que cambia los resultados. Un árbitro se puede equivocar o se te puede pinchar la bicicleta y perder una carrera, pero lo que no depende de ti pertenece al mundo inútil, ese mundo en el que no puedes intervenir. Así que enseñar a los tuyos a echar balones fuera es la mejor manera de fracasar y no poder responsabilizarte del futuro. ¿El partido lo perdiste porque los otros te superaron o porque tú pudiste hacer otras cosas u otros cambios, o tomar otras decisiones que a lo mejor te hubieran dado la victoria? No siempre está en nuestras manos, por más que queramos, controlar la situación. Pero educarte en echar la culpa al entorno, al rival, a la competencia o a otros, te debilita e impide planificarte mejor.

4. **Es prudente y se muerde la lengua.** Las personas educadas tienen la capacidad de no verbalizar todo lo que les pasa por la mente. Se llama autocontrol y es un valor importante para poder relacionarnos sin hacer daño. A pesar de que el refrán dice que «las palabras se las lleva el viento», no es del todo cierto. Las palabras se oyen, se interpretan, se interiorizan y cada persona les da un valor diferente. Hay personas especialmente sensibles a la crítica y, según y como te expreses, puedes bloquearlas o motivarlas. Cuidar tu forma

de expresarte es una de las fortalezas de los grandes líderes. ¿Sabías que el autocontrol es un predictor del éxito en la vida?

**5. Saca la cara siempre por los suyos.** Las correcciones a las personas que diriges se hacen en privado. Ningún jugador o ningún trabajador se siente seguro cuando sabe que sus errores pueden llevarle a ser criticado en público. Y si el jugador no se siente seguro, no jugará con valentía. Y si no hay valentía, se juega y compite en una eterna zona de confort en la que siempre trabajas de la misma manera, con poco margen de error, con la tranquilidad de hacer siempre lo mismo, pero que te lleva a estar siempre en el mismo punto de estancamiento.

**6. Se gana el respeto a través de su ejemplo y entrega.** Son los argumentos y no el autoritarismo lo que te posiciona como líder delante de los tuyos. Tu know-how y tu honestidad dando ejemplo práctico con lo que predicas a nivel teórico son tu mejor escaparate. El «te digo lo que tienes que hacer pero yo no lo hago porque soy el jefe» está obsoleto. Respetamos a las personas que demuestran coherencia entre lo que dicen que van a hacer y lo que hacen. También se llama «tener palabra», algo muy en desuso en una sociedad en la que solo vale lo que viene avalado por una firma en el papel.

**7. Es positivo.** Saca aprendizajes constructivos de la derrota y los malos momentos, e insufla optimismo y energía cuando más se necesitan. Nos fascinan aquellas personas que contaminan a los demás con energía positiva, que buscan más las soluciones que centrarse en los problemas y que son capaces de analizar una situación problemática sin entrar en un estado de shock y estrés.

**8. Se preocupa por el bienestar y calidad de vida de sus jugadores y empleados.** No sé cuál es el objetivo de Google cuando decora las oficinas como si estuvieras trabajando en el mejor de los lugares de vacaciones. Pero lo que sí sé es que el cerebro funciona con mayor tranquilidad y eficacia si el ambiente es agradable, está libre de presiones excesivas y te sientes cómodo. Disfrutar del trabajo tiene una relación directa con el compromiso de los trabajadores y con la calidad de lo que hacen. Nadie sale corriendo del lugar en el que se encuentra a gusto.

**9. Es un elemento motivador dentro del grupo.** Influye en sus trabajadores y compañeros de tal forma que les ayuda en la consecución de sus objetivos individuales y grupales. Sabe cómo dar ánimos y cómo transmitir fuerza. A unos, a través del reto, a otros, con cariño, paciencia y respetando los tiempos.

**10. Delega, y delega bien.** Si siempre eres tú, como líder, el que tiene que tenerlo todo controlado, limitas la autonomía y el asumir responsabilidades por parte de tu equipo. Necesitas delegar, primero porque permitirá que toda tu atención esté en temas que otros no pueden atender, y segundo, porque delegar motiva a los otros. Pero ten cuidado: no siempre la persona más capaz es la que tiene que responsabilizarse de todo. Hay líderes que tienden a ascender y dar responsabilidad al más resolutivo del grupo, y al final terminan sobrepasando su nivel de eficacia con tanta carga de trabajo.

**11. Fomenta el trabajo en equipo y la comunicación entre sus miembros.** Muchos jefes y entrenadores se sienten amenazados cuando el equipo se reúne al margen de ellos. Interpretan que los jugadores se juntan para criticarles o confabular. Y no es así. Como entrenador, permite y facilita que tu equipo tenga su espacio, que se relacionen e incluso te hagan propuestas para la mejora del grupo. Nadie conoce mejor su puesto de trabajo que el propio que lo ejercita.

**12. Sabe adecuar su estilo de liderazgo a las distintas personas,** siendo más duro o más permisivo dependiendo de las capacidades, habilidades y motivaciones de sus empleados. No todo el mundo está igual de preparado, bien sea por su nivel de autonomía o por su grado de motivación, para cumplir con lo acordado. La adecuada elección del estilo de liderazgo te puede ayudar a sacar lo mejor de cada uno.

**13. El líder se pone objetivos desafiantes e invierte esfuerzo para conseguirlos.** ¿Cómo vas a pedir a tu equipo un nivel de esfuerzo y que tengan ambición si tú careces de ellos? Recuerda, predica con el ejemplo. Los objetivos desafiantes nos llevan a dar más de nosotros que los objetivos fácilmente asequibles. Tener un norte nos guía, motiva y orienta. Y educa a los chicos para que sepan que nada es regalado y que en esta vida las palabras «esfuerzo» y «trabajo» son el trampolín para alcanzar el éxito.

**14. El líder es creíble y fiable ante los suyos, hace que se sientan seguros y respaldados.** Las personas que se sienten seguras trabajan mejor, con niveles adecuados de tensión, con la seguridad de que pueden intentar cosas nuevas y que el fallo no les va a costar la titularidad o el puesto de trabajo. Los tuyos necesitan sentirse respaldados por ti. No puedes tolerar los errores fruto de la falta de profesionalidad o dejadez, pero sí dar apoyo en lo que concierne a la creatividad y autonomía.

**15. Es simplemente INTELIGENTE.** Una persona inteligente es aquella que tiene puntuaciones altas en la inteligencia académica. Pero ese tipo de inteligencia no te convierte en socialmente hábil. Necesitas entrenar tu inteligencia emocional y social.

## Necesitas seguidores, no subordinados

Las personas a las que diriges necesitan creer en ti, confiar en ti, saber que siguen a alguien con rumbo y timón.

Una característica muy atractiva de los líderes es el carisma. El carisma es el encanto personal que algunas personas poseen y que les hace ser encantadoras. Puede estar relacionado con la profesión, con su saber estar, con el contenido de lo que hablan o con el cómo se expresan, con los valores, con su forma de caminar, el timbre de voz o la mirada. Despliegan un atractivo con el que tienen parte de la credibilidad ganada. El carisma es algo natural, propio de la persona, pero aun así se puede entrenar. Un líder con carisma tiene poder de convicción. Tiene su estilo personal, no imita a nadie, vive según sus principios y trata de ser coherente, haciendo lo que dice y diciendo lo que piensa.

Pero sí puedes trabajar sobre las variables que dan o quitan credibilidad a la persona. La credibilidad se presenta en tres momentos:

**1. Antes de que te conozcan.** Esta fase está relacionada con tu reputación. Lo que sepan de ti, tus éxitos pasados, lo que otros jugadores hablen de la experiencia que han tenido contigo. Cuanto mayor sea tu reputación, mayor será también tu credibilidad.

Cuando un entrenador o líder llega a un grupo sin referencia ninguna —supongamos que es la primera vez que entrenas—, la credibilidad te la da otra serie de variables más relacionadas con la primera impresión: tu aspecto físico, tu edad, tu amabilidad en el primer trato, tu capacidad de escuchar, tus declaraciones previas, la forma en que das la mano, tu contacto ocular.

La primera impresión es muy importante. En segundos, las personas nos hacemos una idea de cómo es la persona que tenemos enfrente, basándonos siempre en prejuicios. Deducimos de esa primera impresión, y de manera no consciente, si la persona es simpática y honesta, su orientación sexual, su inteligencia, su nivel socioeconómico, e incluso sus ideas religiosas, y le damos un valor.

Trata de eliminar el primer día toda clase de extravagancias, ya sea en tu forma de vestir como en los comentarios que hagas.

**2. Durante tu relación con ellos.** En esta fase la credibilidad depende de tus argumentos, la toma de decisiones, la manera de relacionarte, el respeto que les muestras, tus valores y coherencia, el que tengas palabra, que seas un líder justo y honesto, que seas positivo y que te orientes más a las soluciones que a los problemas.

**3. Después** (después de hablar con ellos, después de un partido, después de la relación profesional). En esta fase la credibilidad viene dada por los resultados. Si lo que dices y haces te lleva a la meta, ganas credibilidad, pero, si no es así, terminarás perdiendo. Nadie quiere que su casa se la haga un arquitecto al que se le hunden los cimientos y se abren grietas en las paredes, por muy honesto y simpático que sea y por mucho que cuide el medio ambiente con sus construcciones.

Y también dependerá de tu capacidad para hacerte entender y ser claro y ordenado con la información. Si el jugador sale a jugar teniendo claro lo que esperas de él, conociendo tu mensaje, te dará más credibilidad. Hay entrenadores con discursos increíbles, mensajes muy motivadores y metáforas fascinantes sobre el fútbol, pero que no dan las tres ideas claves y claras a sus jugadores. Aprender sobre la vida y la historia del fútbol, aprenden mucho, pero tener claro lo que hay que hacer en un partido, no lo tienen. Este tipo de entrenadores suelen ser personas muy inteligentes, con un gran bagaje cultural, pero con poca capacidad de síntesis y de hacer las cosas fáciles. Es fascinante escucharles pero no siempre los jugadores tienen claro cómo deben jugar y lo que tienen que hacer. Si el jugador se siente perdido, tú pierdes credibilidad. Por tanto, al pan, pan, y al vino, vino.

## Adapta tu estilo de liderazgo a la persona

No es el trabajador el que tiene que adaptarse a ti, ni el alumno, ni el futbolista. Eres tú, por tu sentido de la responsabilidad y porque te han encomendado la tarea de gestionar personas, el que tiene que ser capaz de dirigir en función de la personalidad y características de cada uno. Una de tus responsabilidades es sacar el máximo rendimiento y convertir al jugador en mejor de lo que es. Ni todos somos iguales, ni todos respondemos al liderazgo de la misma manera.

Hay jugadores que se bloquean cuando los retas o cuando los presionas, pero otros jugadores se crecen ante el reto y se pican. Trata de conocerlos, pregúntales qué les motiva y qué les presiona o frustra y con qué estilo de dirección se sienten cómodos y bien dirigidos. Tú también esperas resultados y que den su mejor versión. Por ello no puedes dejar en manos del azar la reacción ante tu estilo de comunicación. Es una pena perder a un delantero si su confianza disminuye solo por el hecho de que se siente retado y sabe que le has dicho que no será capaz de meter un número determinado de goles. Tú lo hiciste con la intención de que se picara y sacara el coraje para hacerlo, mientras que él se hundió pensando que no esperas nada de él y que dudas de su capacidad. Un mensaje que tenía una intención, la pierde al ser malinterpretado.

Hay entrenadores que se sienten cómodos con el estilo autoritario; otros, con el democrático, y algunos pocos, con el *laissez-faire*. Ninguno de ellos es bueno o malo.

El **estilo autoritario** tiene poco en cuenta la opinión de la persona a la que diriges. Ellos toman las decisiones, ponen los plazos y las fechas, elevan el volumen de la voz, gesticulan con amenazas, miran de forma inquisitoria, llegan a humillar y ridiculizar a la gente y generan un ambiente hostil en el que las personas reaccionan más por miedo a las consecuencias que por convencimiento de lo que hacen. El jefe es quien elige los objetivos, sin contar con el grupo. Se mantiene en un papel de superioridad respecto al grupo. La comunicación escasea, salvo para el ordeno y mando.

El **estilo democrático** es participativo. Los jugadores o trabajadores opinan, proponen y se responsabilizan. Es un estilo dinámico, honesto, sincero. No hay coacción, hay respeto. Los líderes que lo aplican están convencidos de la motivación de sus seguidores, del interés por el trabajo y de que la aportación de cada persona enriquece al grupo. Valoran la aportación de todos. La responsabilidad final y la toma de decisiones recaen sobre el líder, pero suele ser el resultado del consenso. Las personas entrenan o trabajan en un ambiente tranquilo y sin presiones innecesarias. El líder democrático rara vez tiene que imponer, se siente cómodo dirigiendo y disfruta del trabajo en equipo. Habla en términos de «nosotros» y los objetivos se establecen contando con la opinión del grupo. Incluso les anima a que sean ellos los que vayan marcando el ritmo y los nuevos retos.

El **estilo *laissez-faire*** significa «dejar hacer». Bajo el paraguas de este estilo, las personas se autogestionan. No es el líder el que propone y toma decisiones, sino que es el propio grupo el que lo hace. El líder no controla, sino que observa, valora y de vez en cuando da su opinión, pero sin mucha intervención. Muchos líderes se sienten incómodos con este estilo, y deducen que «no están haciendo lo que deben» porque un líder «debería tener la función del control como una de sus máximas responsabilidades». Lo cierto es que lograr que un grupo tenga la autonomía y motivación suficientes como para que no haya que estar pendientes, es el máximo a que se puede aspirar en un grupo de trabajo. Para aplicar este estilo de liderazgo, cada uno de los miembros tiene que estar preparado. De lo contrario, el grupo se sentirá inseguro y desconcertado. El hecho de que no haya nadie que diga lo que hay que hacer, cuando no se tiene claro cómo se debe actuar, es como trabajar en un barco sin rumbo y a la deriva.

Para conocer tu estilo de liderazgo, puedes rellenar este cuestionario y evaluarte después:

## Estilos de liderazgo

Marca con una cruz aquellas categorías con las que te sientas identificado o que definan tu forma de actuar.

| | |
|---|---|
| 1. Como líder de mis trabajadores tomo todas las decisiones en mi equipo. | |
| 2. Funciono mejor con trabajadores sumisos, con poca iniciativa. | |
| 3. Me gusta tomar decisiones con los miembros de mi equipo, creo que tienen muchas ideas que pueden enriquecernos a todos como grupo. | |
| 4. Me gusta tener objetivos desafiantes e invertir esfuerzo en lograrlos. | |
| 5. Me gusta trabajar en equipo. | |
| 6. No evalúo los resultados de mis trabajadores, ellos mismos deben autodireccionarse y corregirse. | |
| 7. Me muestro igual de cercano, accesible y colaborador con aquellos trabajadores que trabajan más y mejor, que son más simpáticos y con los que tengo buena relación personal, que con los que trabajan menos o les cuesta más y, personalmente, no tengo tanta afinidad. | |
| 8. Le marco a todos los trabajadores, recién incorporados o con antigüedad, los objetivos que tienen que cumplir sin contar con su opinión. | |
| 9. Actúo objetivamente con todos y cada uno de los trabajadores al margen de que me caigan mejor o peor en el ámbito personal. | |
| 10. Cuando mis trabajadores me piden solución a problemas que surgen, pienso que deben ser ellos los que busquen sus propias soluciones. | |
| 11. Dejo que mis trabajadores participen en el establecimiento de sus objetivos y los consensúo con ellos. | |
| 12. Me gusta influir de forma positiva en los miembros de mi equipo, tener estatus y poder (positivamente hablando). | |

| | |
|---|---|
| 13. No explico de golpe todo lo que hay que hacer a mis trabajadores, lo voy haciendo poco a poco a medida que van dominando su trabajo y en el momento que yo estimo oportuno. | |
| 14. Me gusta conocer la opinión de mis trabajadores sobre la forma que tengo de dirigirles, y tengo en cuenta sus comentarios. | |
| 15. Creo que me comunico bien con mis trabajadores y superiores. Entienden perfectamente lo que les quiero transmitir. | |
| 16. Doy pautas a los trabajadores que se incorporan por primera vez a la empresa y dejo que ellos se vayan organizando bajo mi supervisión. | |
| 17. Me gusta que mis trabajadores tengan sensación de que forman parte de un equipo de trabajo e invierto esfuerzo en conseguirlo. Me gusta la palabra «nosotros». | |
| 18. En mi equipo se canalizan todas las dudas, problemas y decisiones a través de mí. No me gusta que los trabajadores compartan esta información si yo no tengo conocimientos previos. | |
| 19. Me siento seguro de mí mismo y de mis actuaciones en el trabajo. | |
| 20. Creo que cada uno debería ocuparse de su trabajo, incluidos todos mis trabajadores. Si les doy mucha orientación, termino por viciarles su trabajo. | |
| 21. Mis trabajadores confían en mí y en mi forma de trabajar. | |
| 22. Concedo gran importancia a tomar decisiones consensuadas y objetivas que sean comprendidas por todos y consigan unanimidad. | |
| 23. No dirijo, ni a mí ni a otros. | |
| 24. Comparto con los miembros de mi equipo las decisiones que afectan al equipo. | |
| 25. Raramente dirijo a mi equipo de trabajo de modo imperativo; prefiero proponer mi colaboración para que las personas implicadas decidan por sí mismas. | |
| 26. Me gusta dirigir, estructurar, controlar y supervisar. | |
| 27. No me gusta sentirme evaluado por mis trabajadores. La crítica no me aporta nada, me hace sentir mal jefe. | |
| 28. Me gusta delegar y traspasar la responsabilidad. | |
| 29. Me adhiero fácilmente a las opiniones, actitudes e ideas de los otros y prefiero evitar, si es posible, tomar una decisión definida. | |
| 30. Me gusta instruir, orientar y ayudar. | |

| | |
|---|---|
| 31. Me preocupan las necesidades, intereses, problemas y desarrollo profesional de los trabajadores de mi equipo. | |
| 32. Animo a mi equipo a organizarse y doy pautas para ayudarles. | |
| 33. Dejo que en las reuniones de trabajo sobresalga el líder natural del equipo. Yo no intervengo y así consigo que todos participen en la medida en que cada uno se lo propone. | |
| 34. Me gusta apoyar, elogiar, escuchar y dar facilidades. | |
| 35. Reconozco que mi estilo puede ser algo autoritario. Me baso en que la disciplina y la autoridad es la mejor forma de conseguir que el equipo funcione de forma efectiva y competitiva. | |
| 36. Cuando surgen ideas, opiniones o actitudes diferentes a las mías, propongo aceptarlas bajo el compromiso y la responsabilidad del trabajador. | |
| 37. Hago justo lo necesario para quitarme de encima la dirección y organización del equipo. | |
| 38. La autoridad es un concepto equivocado, yo no la utilizo en ningún momento. | |

| | |
|---|---|
| Estilo democrático | 3 – 5 – 11 – 14 – 16 – 17 – 22 – 25 – 30 – 32 – 34 – 36 |
| Estilo *laissez-faire* («dejar hacer») | 6 – 10 – 20 – 23 – 28 – 29 – 33 – 37 – 38 |
| Estilo autoritario | 1 – 2 – 8 – 13 – 18 – 26 – 27 – 35 |
| Características de un líder | 4 – 7 – 9 – 12 – 15 – 19 – 21 – 24 – 31 |

El éxito está en saber elegir y poder aplicar el estilo de liderazgo en función de las necesidades. Y no tener que aplicar un estilo de liderazgo por no saber dirigir de otra manera. Son apropiados o no en función de dos variables: la motivación y la autonomía de cada jugador.

Por **autonomía** entendemos la capacidad del jugador o trabajador de hacer solo el trabajo, sin nadie que lo controle o corrija. Un ejemplo es el futbolista que ocupa la posición de central, con experiencia, maduro, que sabe cómo defender, que sabe colocarse y al que no tienes que corregir porque se despista o pierde la marca. O el alumno que en clase se centra en la tarea sin preguntar varias veces qué tiene que hacer o cómo lo tiene que hacer. Escucha tus instrucciones, saca la libreta y empieza a trabajar, sin más. La autonomía en el puesto de trabajo es el SABER. El trabajador sabe resolver problemas, tiene conocimiento y experiencia y un margen de error muy pequeño.

La **motivación** son las ganas, el interés y la actitud que la persona pone en su trabajo o actividad. Independientemente de sus conocimientos y experiencia, la persona con motivación se caracteriza por tener ganas de aprender y por la ilusión que demuestra. La motivación en el puesto de trabajo es el QUERER.

Si tienes un jugador, alumno o trabajador con autonomía y motivación, puedes aplicar el estilo de liderazgo *laissez-faire*. Tiene actitud y sabe lo que tiene que hacer, por lo que no necesita que estés controlando su trabajo.

Cuando tu trabajador tiene autonomía, pero le falta motivación, o al revés, tiene motivación, pero le falta aprendizaje, puedes aplicar el estilo de dirección democrático. Necesitas estar más encima, saber qué le sucede y formarle para que aprenda a tener autonomía.

Cuando tu trabajador, ni tiene autonomía ni motivación, debes dirigir con más autoridad. Debes marcar tiempos, exigir y estar encima. Cuidado con estas personas porque tienen la capacidad de cambiar nuestro estilo de liderazgo y hacernos pensar que todos los trabajadores son así. No pueden pagar justos por pecadores, porque conseguirás acabar con la motivación de quien, en principio, sí la tenía.

Elabora una tabla en la que recojas los nombres de las personas a las que diriges, y en la que puedas puntuar el nivel de autonomía y motivación, decidir el estilo de liderazgo y las actuaciones que llevarás a cabo para incrementar ambas variables.

Mira el ejemplo:

| Nombre | Autonomía 0-5 | Motivación 0-5 | Estilo de liderazgo | Actuaciones |
|--------|---------------|----------------|---------------------|-------------|
| Adrián | 4 | 5 | Democrático casi *laissez-faire* | Corregir la técnica de salto |

| Pedro | 2 | 5 | Democrático | Corregir la técnica de su zancada |
| --- | --- | --- | --- | --- |

## La relación con el cuerpo técnico

Como líder, la elección de tu cuerpo técnico es una tarea muy importante. El cuerpo técnico también lo tienes en la empresa, con los jefes de equipo, jefes de sección, subdirectores de área, etc. Los has elegido porque te complementan, te ayudan a tener más información y te facilitan el trabajo. Son especialistas y profesionales en la materia, y lo normal es que sepan más que tú de sus especialidades. Estás por encima de ellos solo porque tú eres responsable de su trabajo, pero no lo interpretes como «el que manda aquí soy yo y por eso sé más que todos». Solo tienes que dirigir el grupo. Dirigir y organizar no es sinónimo de mandar.

RESPETO

El respeto tiene que ser mutuo. Tú tienes que confiar en ellos pero ellos también en ti. Para que haya un respeto sincero, debes valorar el trabajo de los demás y sus aportaciones, pedirles su opinión y dejar que planifiquen su trabajo.

Por supuesto, no les critiques en público aunque lleves la razón, no les dejes sin autoridad delante de los jugadores, ni hagas comentarios graciosos para quedar tú como el líder. Tranquilo, eres el entrenador, todo el mundo sabe que eres la máxima figura, no necesitas hacer ni decir nada que menosprecie a la persona o su trabajo para reafirmarte en el rol que ya tienes. Trata de escuchar y tomar decisiones conjuntas.

Elige a un grupo que te haga mejor, no al que puedas manejar como una marioneta. Muchos son líderes que necesitan tener gente mediocre a su alrededor, para que su propia mediocridad brille. No son buenos por méritos propios, sino que la baja calidad de su gente les hace ser buenos. La ambición es sana, pero solo la que te permite superarte a base de tu trabajo y esfuerzo, no por la omisión de formación, experiencia y trabajo de quien te rodea.

Los entrenadores que tienen claras sus ideas, que se esfuerzan en reciclarse y ponerse al día, que valoran el trabajo de quien les rodea y reparten las medallas de forma justa, no tienen miedo de sentirse traicionados por su grupo, ni superados. Porque no viven el trabajo en equipo como una competición, sino como la suma de conocimientos e ideas que revalorizan el trabajo de cada uno.

## MISMA ESCALA DE VALORES, DISTINTOS CONOCIMIENTOS

Tiene que haber química en la metodología de trabajo. Es una buena manera de evitar conflictos y resentimientos. Necesitas compartir valores y hasta los ritmos de trabajo, puntualidad y lo que tú entiendes por profesionalidad. A modo de ejemplo: Si en tu escala de valores no contemplas la posibilidad de que tu preparador físico fume, no lo contrates. Y si lo haces, olvídate de ese detalle, pero no le machaques en cada comida y momento que puedes para hacerle bromas o hacerle sentir mal diciendo que es incompatible ser preparador físico y fumar. Son detalles que pueden parecer insignificantes, pero que van minando el aguante de cada uno de vosotros.

## TRABAJO EN EQUIPO

Rodéate de profesionales que sepan trabajar en equipo. Trabajar en equipo no es fácil. No solo por el respeto hacia la parcela de cada uno, sino porque implica tener un grupo con la misma capacidad de sacrificio, capacidad de trabajo y entrega. En el momento que tienes a alguien que está para todo, y otro miembro de tu equipo que se escaquea de todo, tienes el conflicto y el resentimiento asegurados.

Para trabajar en equipo también necesitas personas con buen carácter. Rodéate de compañeros optimistas, con los que sea fácil convivir, que sean buenos compañeros y con buenas intenciones. Tener a un «vinagre» en el grupo, termina avinagrando el humor y el buen clima. El deporte de alto rendimiento, la época de exámenes o las puntas de trabajo en una empresa implican momentos sensibles y emocionalmente tensos. Rodearte de personas que sepan gestionar esta situación y que tengan una alta inteligencia emocional son los cimientos para el buen funcionamiento del grupo. Por norma general, aléjate, por muy buenos que sean a nivel profesional, de compañeros rencorosos, susceptibles, negativos, difíciles y envidiosos. Hacen que la relación se convierta en odiosa y terminan por contagiar su negatividad y hostilidad a los demás.

## LEALTAD

No suele hablarse de ello, pero sí preocupa: las personas que componen tu cuerpo técnico confían en que cuentes con ellas si te vas a otro equipo. Por eso debes pactar con el equipo cuándo podréis prescindir los unos de los otros. Les debes lealtad, igual que ellos a ti. Implica defender sus derechos y su presencia en tu equipo de trabajo allá donde vayas. Algunos clubs te dirán que ya tienen preparador físico y que cuentan con entrenador de porteros. Si no luchas por ellos, estarán desprotegidos. Si se sienten inseguros contigo, buscarán otro equipo en el que sentirse tranquilos y que les dé estabilidad.

# 2

# Aprender de los grandes

El aprendizaje por imitación nos permite copiar a los grandes, personas que han conseguido liderar optimizando sus recursos, su empresa y, lo que es más importante, sus personas. Detrás de estas historias se encuentran grandes líderes, entrenadores, hombres y mujeres con personalidades carismáticas y entregadas de corazón, que han conseguido grandes hazañas a través de su vocación.

Nos interesa la visión y experiencia personal y sincera de los que hoy se enfrentan a mujeres y hombres que compiten, personas que persiguen su sueño, expuestas a presiones, al dolor y sufrimiento humano, a dar respuestas rápidas y tomar decisiones sobre la marcha. Por ello hemos formulado estas siete preguntas a líderes:

1. Y tú, ¿qué le pides a un líder?
2. ¿Cómo convences y haces que te escuchen?
3. En cuanto a los objetivos, ¿dejas que los demás participen o los marcas tú? Y ¿qué haces, una vez alcanzados?
4. He llegado donde estoy porque…
5. ¿Cómo motivas cuando vienen mal dadas? Y cuando hay un exceso de relajación, ¿qué haces?
6. ¿Qué te da credibilidad ante los tuyos?
7. ¿Qué aconsejas a los que deseen gestionar personas?

Mi más sincero agradecimiento a quienes se prestaron enseguida a colaborar con el libro y que altruistamente han aportado su granito de arena dando su visión. Estas son sus respuestas:

## Belén Frau, directora general de Ikea Ibérica (@belen_frau)

Nace en Bilbao en el año 1974, está casada y tiene tres hijos. Es licenciada en Ciencias Económicas y Empresariales por la Universidad del País Vasco. Belén comenzó como jefa del departamento de administración de la tienda de IKEA Barakaldo, de la que fue directora entre 2008 y 2011, y a partir de entonces asumió el puesto de directora general de la compañía en España.

En marzo de 2012, Belén recibe de la mano de Esperanza Aguirre el galardón Estrella de la Comunidad de Madrid con motivo del Día Internacional de la Mujer. Un reconocimiento al trabajo de las mujeres que han contribuido y continúan luchando por la igualdad de oportunidades.

Ha sido reconocida por la Federación Española de Mujeres Directivas, Ejecutivas, Profesionales y Empresarias (FEDEPE) como Mujer Directiva del Año, que premia el empuje, la creatividad y la imaginación en la dirección empresarial, así como el fomento y el desarrollo de buenas prácticas en la gestión directiva.

En octubre de 2013 obtiene el reconocimiento de Las Top 100 Mujeres Líderes en España en la categoría de Alta Dirección; y en marzo de 2014, el premio a la Mujer Empresaria 2014 en la última edición de la Madrid Woman's Week.

> El liderazgo se demuestra en el día a día. Al líder le pido que lidere a partir del ejemplo y que le guíen unos valores fuertes y reconocibles. Que elija o considere a su equipo a partir de esos valores y no solo por lo que saben ahora o han hecho hasta ahora, sino por lo que son y lo que pueden llegar a ser.
>
> Convenzo y me hago escuchar, básicamente escuchando primero siempre, respetando las opiniones de todos y argumentando las mías

propias y creando un ambiente de confianza en el que todos se sientan libres de aportar.

Soy bastante colaborativa en la participación y definición de objetivos. Liderar es asumir responsabilidades pero también delegarlas, y entre esas está la posibilidad de que un grupo o una persona fije los objetivos más adecuados para el proyecto y luego los consensuemos. Una vez alcanzados, creo firmemente en la importancia del reconocimiento y de la celebración, por pequeños que sean los hitos conseguidos.

He llegado donde estoy porque he encontrado un proyecto con el que me siento identificada, me motiva y me apasiona. He tenido la oportunidad de poner el talento que pueda tener al servicio de los demás y de los proyectos. Y considero también que me he preparado para desarrollar mis capacidades, y le he puesto, a todo lo que he hecho, mucha pasión y buenas dosis de optimismo.

Algo que he aprendido en IKEA es a animar a las personas a buscar nuevas soluciones y crear las condiciones oportunas para que eso ocurra de forma habitual, independientemente de que vengan bien o mal dadas. En momentos difíciles mi «receta» siempre es poner el doble de pasión y el doble de ilusión, algo que en los últimos tiempos he aplicado con frecuencia. Intento fomentar la diversión y el espíritu en equipo, es importante pasarlo bien en el trabajo ya que le dedicamos mucho tiempo.

Me da credibilidad el hecho de estar convencida de que la fuerza de un grupo, un proyecto o una empresa está en tener una visión compartida, que está por encima de los objetivos personales de cada uno. Creo firmemente en el potencial de la colaboración y en respetar el esfuerzo y las opiniones de los demás, y también creo mucho en la diversidad, por la riqueza que aporta al grupo.

Mi consejo: ser humilde y siempre, siempre, respetar a los demás y sus ideas por encima de todo. Las personas son talento y capacidad pero también son pasión y entusiasmo. La clave está en buscar cómo activar esas «teclas», son realmente poderosas y pueden marcar la diferencia.

## Aíto García Reneses, entrenador de baloncesto

Lleva ejerciendo de entrenador de baloncesto, en la máxima categoría, cuarenta años en España. Ha dirigido al F. C. Barcelona, Juventut de Badalona, Unicaja Málaga y C. B. Gran Canaria, entre otros equipos, y ha sido seleccionador nacional.

Me gusta convencer con argumentos y ejemplos anteriores, pero el jugador tiene que querer.

En cuanto a los objetivos, generalmente compenso y soy optimista cuando ellos no lo son, y muy cauteloso (y lo aviso) cuando hay un optimismo generalizado.

He llegado donde estoy porque tengo ciertas capacidades y me dedico a mi profesión.

Para motivar busco colaboración con otros del grupo.

Consigo tener credibilidad a través de mi convencimiento sobre las ideas que defiendo.

Mi consejo: que estudien, que observen, que hablen del tema con personas que entienden.

## Rafael Matesanz, director de la Organización Nacional de Trasplantes

Médico especialista en nefrología, madrileño, fundador y director de la Organización Nacional de Trasplantes desde 1989, y responsable del «Modelo español de Coordinación y Trasplantes» que ha llevado a nuestro país a liderar las donaciones de órganos en el mundo desde hace 22 años.

A un líder le pido sobre todo que se pueda confiar en él en los momentos difíciles, que no eluda responsabilidades y que tenga visión de futuro para escoger el camino más adecuado.

Para hacerse escuchar y convencer lo primero es ser honesto y no intentar engañar a nadie, lo segundo es conocer a fondo el tema de que se trate, y por último estar dispuesto a incorporar a tus ideas las de los demás.

En cuanto a los objetivos, idealmente yo marco las líneas fundamentales pero los matices deben ser consensuados, y a veces los propios objetivos pueden cambiar tras discutirlos. También hay que ser flexible si se comprueba que los objetivos marcados son inalcanzables o poco realistas.

He llegado donde estoy probablemente porque nunca me doy por vencido. Es verdad eso de que el que aguanta es el que gana. Quizá, también, porque sé escuchar.

En cuanto a la motivación... el valor de una persona se ve en los momentos difíciles. Si los demás ven que afrontas la realidad sin engaños y sin echarte atrás, es muy probable que te sigan. De igual manera, si los tuyos se relajan es que estás haciendo algo mal y debes replanteártelo.

Lo que me da credibilidad ante los míos es mi actitud de dar siempre la cara, y en especial si es por ellos. Eso no se olvida.

Mi consejo: ten las ideas claras y exprésalas para que las entienda todo el mundo, transmite tranquilidad y sobre todo escucha a los demás: no te creas que estás en posesión de la única verdad.

## Demetrio Lozano, jugador y entrenador de balonmano

Padre de familia, doctor y profesor en la USJ y deportista durante más de veinte años. Como profesional de balonmano ha participado en cuatro Juegos Olímpicos, y ha ganado muchos títulos y medallas, los más importantes: campeón del mundo en Túnez 2005 y tres bronces olímpicos (Atlanta 1996, Sidney 2000, Pekín 2008). Actualmente es entrenador del BM Aragón de la Liga Asobal.

A un líder le pido que tenga los conocimientos necesarios para ayudar al grupo, que sea valiente en la resolución de problemas, que asuma sus responsabilidades, y que sea ejemplar y coherente entre lo que dice y lo que hace.

Para convencer son necesarios buenos argumentos, conocimientos y experiencia, sabiendo asumir si algo se desconoce. Para hacerse escuchar debemos situarnos en lugar del oyente, intentando conocer sus necesidades e inquietudes y satisfacerlas.

Los objetivos deben ser del equipo, del grupo. Por lo tanto, el líder debe dejar participar, tutelando que sean coherentes con la realidad pero suficientemente ambiciosos para que sean altamente motivadores. Con los objetivos individuales, el líder debe colaborar pautándolos para que estén dentro de los intereses del grupo.

He llegado donde estoy gracias a que el optimismo y el esfuerzo me han enseñado que la suerte es estar preparado para aprovechar las oportunidades.

Cuando vienen mal dadas, debemos motivar con un análisis de la realidad y con una visión optimista del futuro. Siendo valiente, aportando soluciones, con herramientas operativas para poner al grupo en acción.

Y cuando hay un exceso de relajación debemos analizar el motivo o los motivos, dialogar, escuchar y, si es necesario, replantear el objetivo, matizando la importancia de ser feliz en el camino hasta ese objetivo, ser feliz en la lucha y perseverar.

Nos da credibilidad ir de cara, ser honesto y consecuente, admitir los propios errores e intentar dar el máximo de nosotros en cada momento, y dar a cada cosa la importancia necesaria.

Mi consejo: que luchemos por poner en común los intereses y objetivos de cada uno de los miembros del grupo. Que dialoguemos de forma abierta y aportemos los conocimientos y herramientas necesarias para cada problema y que tengamos la valentía para asumir nuestras responsabilidades. Por último, que seamos ejemplares.

## Camilo José Cela Conde, profesor de Antropología

Profesor de Antropología y director del Laboratorio de Sistemática Humana de la Universidad de las Islas Baleares. Fellow de la American Association for the Advancement of Science y miembro del Center for Academic Research and Teaching in Anthropogeny, Salk Institute & University of San Diego.

¿Qué le pido a un líder? Nunca me había planteado esta pregunta y, ahora que lo hago, tampoco estoy seguro de saber la respuesta. Mi manera de ser me ha llevado a abrirme camino sin depender de nadie, haciendo de pionero en casi todos los campos que he abordado y con las consecuencias que cabe prever que se deriven de semejante forma de actuar. Supongo que a un líder le pediría sobre todo entusiasmo, seguridad y capacidad de resolver los problemas que se presenten. La honradez se da por supuesta.

Nunca he tenido dificultades para que me escuchen (quizá porque quienes debían hacerlo no tenían alternativa). Convencer es otro asunto. Me parece que son los resultados que se obtienen los que llevan a que haya confianza respecto de lo que venga después.

En cuanto a los objetivos, en los primeros pasos los objetivos siempre los he fijado yo. Es muy importante que cualquier proyecto parta de una idea que no puede ser en ese momento compartida aún con nadie o con casi nadie. Luego viene un largo proceso en el que los detalles se discuten en grupo, a menudo en distintos grupos. Tengo que confesar que una vez alcanzados los objetivos suelo desentenderme del asunto.

He llegado donde estoy porque a la hora de tirarme a la piscina nunca me he detenido antes a comprobar si había agua.

Motivo a través de la tozudez. Ayuda a seguir cuando pintan bastos. Y es imprescindible impedir que se den las cosas por hechas. En ambos casos se trata de ponerse a trabajar, insistir en el próximo paso y no dejar ni un solo hueco al desánimo. Siempre hay un camino aunque a veces quede un tanto oculto.

En cuanto a la credibilidad, no estoy nada seguro de que esa credibilidad exista fuera de un círculo muy reducido. Dentro de este, lo crucial es la capacidad de trabajo.

Mi consejo: jamás debes encargar una tarea que no seas capaz tú mismo de llevarla a cabo. Y si los conocimientos técnicos se te escapan, al menos debes ser capaz de evaluar los de los demás.

## Gabi Milito, futbolista y entrenador

Pasó por las categorías inferiores y debutó en la Primera División argentina en el Club Atlético Independiente. Ganó la Liga en Argentina y en 2003 fichó por el Zaragoza, donde ganó una Copa del Rey y una Supercopa. En 2007 fichó por el Barcelona, equipo en el que jugó hasta 2011, ganando tres Ligas de España, dos Champions, un Mundial de Clubs, una Supercopa de Europa, dos Supercopas y una Copa del Rey. Regresó al Independiente y allí se retiró en 2012. Ha sido 32 veces internacional con la selección nacional argentina.

Al líder le pediría conducción, que dé ejemplo o sea modelo. En momentos difíciles, que sea la guía del grupo, que marque las cosas buenas y malas, que tenga buena mentalidad y equilibrio emocional, y que sea tolerante ante circunstancias adversas. Es muy importante que sepa ayudar a los más jóvenes, enseñándoles el camino correcto y siendo siempre el primero en comprometerse por la causa.

Ponerte delante de un grupo y convencer no es una tarea fácil. Lo primero y muy importante para convencer es escuchar, y estar seguro de lo que voy a transmitir. Para que me escuchen tengo que ser honesto con lo que siento que quiero transmitir. Después, darle coherencia y tener la capacidad de dar el mensaje con claridad de palabra y que lo que diga sea concordante con lo que muestro con mis actos.

En cuanto a los objetivos... en principio sería yo el que marcaría los objetivos y guiaría al grupo en la dirección que considere idónea para alcanzarlos. Todo equipo de trabajo debe tener objetivos a alcanzar porque eso le da valor a lo que hacemos día a día. Cuando un equipo consigue esos objetivos hay que ir en busca de otros porque es el motivo por el que hacemos las cosas, eso nos mantiene competitivos, atentos, nos aleja de la comodidad en busca de hacer el máximo esfuerzo por nuestra superación.

He llegado donde estoy porque lo deseé, me propuse objetivos y entendí que el camino para alcanzarlos era a través del compromiso con el trabajo diario. Por constancia y por reponerme tras las adversidades, y querer crecer, mejorar y no conformarme con lo ya obtenido.

Pero, sobre todo, por confiar en los técnicos que me marcaron un camino de superación.

Como líder te tienen que ver fuerte, convencido, seguro de que sea cual sea la situación podemos salir adelante, jamás un grupo puede ver a su líder entregado, resignado, superado por la situación. El líder tiene que mostrar que controla cualquier situación, y a partir de ahí desarrollar un plan de cómo hacerlo y llevarlo adelante. Sin plan, difícilmente superaremos la situación, y si el líder no cree en ese plan, tampoco.

Primero, señalar que, con un estado alto de relajación, nos volvemos menos competitivos. Transmitirlo al equipo e implementar recursos para volver a empezar.

Gano la credibilidad exigiendo de igual manera a cada miembro del equipo, tanto al más importante, por trayectoria, reconocimiento mediático, etc., como a aquel que está empezando.

Un ejemplo: en el fútbol habitualmente los entrenadores tienen mayor facilidad para señalar un error a un jugador novato, y eso lo percibe el grupo y ahí comienza a perder credibilidad el líder porque el grupo interpreta perfectamente cuando un técnico no se maneja con justicia. Yo entiendo que no se puede tratar a todos de igual manera, porque somos diferentes, pero nuestra obligación es siempre ser justos.

Mi consejo: me gusta la gente que demuestra compromiso y pasión por lo que hace, eso es muy importante como herramienta básica para gestionar personas. Junto a eso debe estar ligado la capacidad, preparación y experiencia, tanto en situaciones sencillas como en situaciones complejas.

## Óscar García, jugador de fútbol y entrenador

Nace el 26 de abril de 1973, y empieza a jugar a fútbol federado con el Mercantil de Sabadell, pasando después al F. C. Barcelona, donde permaneció desde los nueve años hasta los 26 (estuvo un año cedido en el Albacete), que fichó por el Valencia. Después jugó en el Espanyol y en el Lleida. Ha sido internacional en categorías inferiores de la selección española en unos cuarenta partidos, participando en los Juegos Olímpicos de Atlanta 1996. Ha sido campeón de Liga en cuatro ocasiones, dos veces supercampeón de España, una vez campeón de Europa y campeón de la Recopa, y también dos veces campeón de la Copa del Rey. Como entrenador, ha dirigido la selección catalana juvenil, que logró ganar el Campeonato de España; y ha entrenado al Barça juvenil, con el que ganó el triplete; al Maccabi Tel Aviv, con el que consiguió el título de Liga; y al Brighton y al Watford ingleses.

Al líder le pido que tenga una idea, un mensaje, una metodología y una filosofía clara, que me convenza de que su idea es la mejor para sacar el máximo rendimiento de la tarea que se esté planeando o planteando, que su mensaje sea claro, que predique con el ejemplo de lo que dice y de lo que transmite, que sea positivo y honesto, y que sea respetuoso con todos.

Soy de las personas a las que les gusta convencer con ejemplos y experiencias, explicando y hablando con seguridad, con honestidad, humildad, respeto y transmitiendo una idea muy clara. Utilizo mucho las palabras RESPETO, PROFESIONALIDAD, HONESTIDAD y AMBICIÓN.

Normalmente tengo los objetivos claros y me gusta compartirlos y asegurarme de que son objetivos asequibles y asumibles por parte de los máximos protagonistas. Una vez alcanzados, volvemos a hacer el proceso de plantearnos los siguientes para seguir mejorando y seguir teniendo una motivación para alcanzarlos.

Al final he llegado donde estoy porque he cumplido con lo dicho anteriormente en la respuesta número 2.

En el deporte de competición, sobre todo en equipos o participantes con un nivel similar, la gran mayoría de veces, por no decir siempre, el participante o equipo con mayor preparación psicológica para el evento es el que vence. Por eso es tan importante el trabajo psicológico de tu equipo.

Cuando vienen mal dadas, la mayoría de refuerzos tienen que ser positivos, las charlas individuales son de gran ayuda, y las colectivas también. Sobre todo, cuando ya tienes claro el mejor mensaje para el grupo, hay muchos ejemplos que se pueden utilizar para este tipo mensajes positivos. A mí particularmente me gusta utilizar el recurso audiovisual para fortalecer la confianza y la autoestima de los participantes, mostrándoles las cosas que se han hecho bien en el pasado y las que se están haciendo bien ahora. Afortunadamente también pueden utilizarse todo este tipo de recursos para mejorar en muchos aspectos. Como he dicho antes, en el mundo profesional cada vez hay menos diferencias técnicas, tácticas o físicas, y entonces el nivel psicológico es el que puede marcar la diferencia. Teniendo esto claro no puedes dar este tipo de ventaja al rival, hay que hacer entender esto a los participantes. Una manera muy efectiva, cuando notas que hay algún tipo de relajación en el grupo, es predicar con el ejemplo de trabajar mucho más de lo normal, ya que la motivación del líder tiene que ser el reflejo y el ejemplo para sus jugadores.

Lo que me da credibilidad ante los míos es tener las ideas claras y, sobre todo, predicar con el ejemplo. Que te vean convencido, honesto y trabajador; que trates con el mismo respeto a todos los miembros del grupo; que no dudes; que los hagas partícipes de las decisiones; que tengas poder de decisión y de reacción; que hagas que se sientan seguros de sí mismos; que los convenzas de que tu idea les ayuda a tener un buen rendimiento.

Mi consejo: que sean honestos, que antepongan siempre lo colectivo a lo individual, que traten con respeto a todos los que forman parte del grupo, que tengan las ideas claras, y que transmitan su idea, su mensaje, con mucha seguridad creyendo en lo que dicen y hacen y siempre predicando con el ejemplo.

# 3

# Pigmalión, Mateo y el poder
# de las expectativas

Existe algo mucho más escaso, fino y raro que
el talento. Es el talento de reconocer a los talen-
tosos.

Elbert Hubbard

Los primeros psicólogos que describieron el efecto Pigmalión fue-
ron Robert Rosenthal y Lenore Jacobson en la obra *Pygmalion in
the Classroom* (1980). Llegaron a la conclusión de que las expectativas positivas que los maestros proyectan sobre nosotros, nos facilitan el aprendizaje. Pigmalión se presenta en *Las metamorfosis* de Ovi-
dio, donde se describe a un escultor enamorado de su propia obra,
la estatua de una mujer llamada Galatea. Tantas expectativas y bondades proyectó el escultor en ella, tanto la deseó, que terminó por
convertirla en realidad. Esta historia se repite en el mundo de la literatura a través de una famosa frase de Goethe: «Trata a una persona tal y como es, y seguirá siendo lo que es; trátala como puede y
debe ser, y se convertirá en lo que puede y debe ser». Son muchas
las obras que hablan de este fenómeno: la obra de teatro *Pigmalión*
de George Bernard Shaw, que posteriormente interpretaría Audrey
Hepburn en *My Fair Lady*; o el relato de *Las aventuras de Pinocho*
de Carlo Collodi, cuando Geppetto desea con todo su amor que la

marioneta de madera cobre vida. ¿Y qué me dices de la prostituta que termina convirtiéndose en toda una dama de la alta sociedad conquistando al caballero que la rescata trepando a su ventana? Es lo que ocurre en *Pretty Woman*.

El efecto Pigmalión, en términos de liderazgo y gestión de personas, se refiere al poder de las expectativas. Lo que esperamos de los demás, en el sentido positivo y negativo, condiciona nuestro trato con ellos. Esperar cosas buenas provoca un efecto bola de nieve: la persona se siente querida, apreciada, confía por ello en sí misma, se esfuerza, trabaja porque sabe que alguien espera resultados positivos, su esfuerzo y trabajo le llevan a alcanzar los objetivos y al final consigue lo que en un principio se esperaba de ella. Así de fácil. Lo mismo ocurre cuando no esperas nada bueno.

¿Qué sería de nosotros si no esperásemos nada de la vida, nada de las personas? ¿Y si esperásemos cosas, pero las anticipáramos negativas? Seríamos pobres, muy pobres. Pobres en objetivos, en economía, en la calidad de nuestras relaciones, en nuestro propio cuidado. Influiría hasta en nuestra suerte. Las expectativas son poderosas, tremendamente poderosas. Condicionan el trato que tenemos con los demás, y esta capacidad interactúa mutuamente. Cuanto más espero de los demás, más se involucran y sienten los colores las personas a las que diriges. Detectan en ti tu aprecio, tu paciencia y tu interés por hacerles grandes.

El poder de las expectativas afecta a jóvenes y adultos, mujeres y hombres, independientemente de la profesión, seguridad, confianza y talento que tengan. Convertirte en un Pigmalión de los tuyos es convertirte en un precursor del éxito. Un líder no solo debe transmitir conocimientos técnicos, deportivos o académicos, también debe involucrarse de forma activa y protagonista para potenciar a sus pupilos.

Cuando entras a trabajar en un grupo, como entrenador, como maestro o como jugador, siempre te relacionas con personas que condicionan, sin maldad, tu visión sobre el equipo. Tratan de ayudarte, de ponerte al día, facilitarte el conocimiento de las personas a las que vas a dirigir. Pero la información que recibes es completamente sesgada, cargada de juicios de valor, y genera una visión parcial y subjetiva en tu mente, tanto si te predisponen para lo positivo como para lo negativo. Ten cuidado, los prejuicios potencian la visión en túnel, y al final caerás en la profecía autocumplida: encuentras lo que te han dicho que vas a ver.

Imagina esta escena que habrás vivido alguna vez. Después de darte la bienvenida las personas del cuerpo técnico que pertenecen al club, las charlas habituales en el vestuario son sobre la plantilla: «Uf, Vicente es un chaval muy inestable. Tiene la cabeza más en sus problemas que en el fútbol. Si se centrara llegaría mucho más lejos. Y Héctor, ten cuidado, es de los que te pone al grupo en contra. Tiene mucho liderazgo y los compañeros le escuchan. Pepe es un primor, el chaval siempre está de buen ánimo, es educado y muy formal, tiene una novia que le ayuda mucho, no tendrás ningún problema con él. Etcétera, etcétera». Y, así, un repaso de todo el grupo.

La consecuencia lógica después de esta introducción es que te formes una imagen de cada uno de ellos, de lo que te depara la temporada, de quién va a estar contigo, a quién puedes exigir y a quién no. Te han ofrecido un resumen que condiciona tu trato con ellos, a pesar de que ese condicionante no sea algo consciente. Voluntariamente no deseas pedirle menos al que sabes que es más débil, pero tu cerebro te dice: «No sigas, total... ¿para qué, si este no es capaz de dar más?». O todo lo contario: «Este chaval es increíble, me han dicho que tiene una motivación y un talento fuera de lo común, estaré muy pendiente de él porque un jugador así me puede resolver un partido».

Los juicios de valor y las expectativas que nos hacemos nos facilitan la convivencia, porque el aprendizaje que llevamos en la vida nos ayuda a detectar quién puede hacernos daño y quién nos hace la vida sencilla. Si tuviéramos que aprender esto cada vez que conocemos a alguien, necesitaríamos descifrar continuamente, por ejemplo, lo que significa la ironía, si es humor o un comentario mal intencionado. Los códigos sociales nos previenen y también nos dan tranquilidad. Pero cuidado, porque las personas a las que diriges pudiera ser que con un entrenador distinto, con un estilo de liderazgo también distinto al tuyo, se comportaran de forma diferente.

Las personas estamos en constante evolución, nunca somos los mismos. Nos afectan las personas con las que nos relacionamos, nuestra historia previa, la experiencia que vivimos, la seguridad y confianza que tenemos en determinados momentos, etc. Así que el hecho de que un jugador o un estudiante no estuvieran motivados el año anterior y no dieran todo de sí, no significa que sea vago o mediocre. Pudiera deberse al contexto, a su situación personal o a cómo se sentía de apoyado por su jefe. Así que lo mejor y lo más sano que puedes hacer es partir de cero.

Empecemos por definir qué son las «expectativas». En su primera acepción, dice el Diccionario de la Real Academia Española que es la «esperanza de realizar o conseguir algo», y en la segunda, la «posibilidad razonable de que algo suceda». Las expectativas están relacionadas con las previsiones y las predicciones, con lo que esperamos del futuro.

Aquellas personas que esperan cosas buenas de la vida, se orientan hacia las oportunidades y crean en gran medida su suerte. El hecho de imaginar un futuro en el que puedan realizar sus sueños, les lleva a invertir tiempo, esfuerzo, trabajo y otra serie de valores para alcanzarlos. De alguna manera provocan el éxito. Esto es válido tanto para lo que esperas de ti mismo, como para lo que esperas de los demás. ¡Necesitas buscar el talento y la actitud en tu equipo de trabajo!

No es lo que tus chavales ya tienen, positivo o negativo, sino lo que pueden llegar a tener gracias al apoyo y seguridad que puedas trasmitirles. Se trata de confiar en ellos, hacerles llegar tu mensaje y tus expectativas, y trabajar honestamente para que se conviertan en águilas y no vivan toda la vida como polluelos.

Empieza por plantearte estas dos preguntas:

## Ejercicio 2

1. ¿Cómo veo a mis jugadores/alumnos/equipo? Analiza individualmente a cada uno, de forma objetiva. Sin cargas emocionales y sin hacer juicios de valor sobre ellos. Te facilito esta tabla que te ayudará a realizar la actividad.

| Nombre | Cualidades que destaco. ¿Cuáles son sus fortalezas? | ¿En qué benefician al grupo? |
| --- | --- | --- |
|  |  |  |
|  |  |  |
|  |  |  |

**2.** ¿Qué más puedo esperar de cada uno de ellos? Si confiara al cien por cien, si les transmitiera seguridad, si estuviera atento a sus talentos, ¿dónde podrían llegar?

| Nombre | Su potencial está en... | ¿Dónde podría llegar? |
| --- | --- | --- |
|  |  |  |
|  |  |  |
|  |  |  |

Este ejercicio dirigirá tu atención al potencial, a lo que funciona, y hará que tu visión sobre la persona esté en lo que suma.

Si no tienes claro qué es el talento, o cuál es el potencial de cada uno, te facilito unas pistas. El talento es el diamante en bruto que tienen tus jugadores, y tú puedes transformarlo en un brillante. Para identificarlo atiende a estos cincos conceptos definidos por Xavier Cornette:

**1.** El talento es innato: el jugador ha sabido siempre jugar a fútbol, o a tu alumno siempre se le ha dado bien escribir y expresarse. Podrás pulirlo para que lo haga mejor, pero, en un principio, esta aptitud nace con él.

**2.** Lo realiza con facilidad: no le cuesta esfuerzo.

**3.** Es reproducible: no es fruto de la suerte ni de la casualidad, sino que la persona puede repetirlo cada vez que se lo propone, con más o menos acierto.

**4.** Produce placer y satisfacción. El talento no es algo que convenga, sino algo que sirve para apasionarse.

**5.** Provoca admiración por parte de los demás. Suele ser digno de reconocimiento.

Una vez realices el ejercicio 2, es importante comunicarle a cada uno lo que piensas, cuál es tu visión y qué esperas de ellos. No tengas miedo a que se endiosen si les dices lo buenos que son. Aquí es importante que relaciones el potencial y las fortalezas con los valores que les ha llevado a tenerlos. Incluso podrías decirles algo así como: «Me parece increíble tu visión de juego, esa manera de anticiparte, ¿cómo lo trabajas, cómo te superas en este aspecto?». Para que ellos vean que cada talento personal se asocia al trabajo. El talento es innato, pero hay que esforzarse y trabajarlo para que brille.

Puedes hacer comentarios en grupo del tipo:

• Espero un buen trabajo, sé que estáis capacitados, que podéis esforzaros.

• Este grupo es un gran grupo, lo noto en los detalles.

• Me gusta vuestra generosidad y la piña que formáis.

• Me llena de satisfacción saber que vamos a disfrutar de la temporada, sois buena gente, muy entregados, y entrenáis con entusiasmo y fuerza de voluntad.

• Me siento orgulloso de un equipo que juega con intensidad, en el que os apoyáis y ayudáis mutuamente.

• Me encanta entrenaros, es sencillamente fantástico.

• Sé que podéis hacerlo. Os he visto superar otras situaciones, creceros ante la adversidad y luchar para conseguir lo que os proponíais.

• Confío en vosotros, en vuestro juego y vuestra actitud.

Trata de acompañar tus palabras con una sonrisa, abrir los brazos, orientarte hacia ellos, mantener el contacto ocular, mostrar entusiasmo con tu expresión facial, entonar, subir el volumen para demostrar alegría. Incluso puedes emocionarte si así lo sientes.

### Ejercicio 3

Puedes trabajar la siguiente dinámica para implicar en el efecto Pigmalión a todos los chavales. Sentaos en círculo y empieza por el que esté a tu lado, imaginemos que se llama Pepe. Pepe tiene que hablar de una de sus bondades, algo que haga de forma excepcional.

- Pepe: «Tengo calidad en la salida de balón».
- El compañero que esté a la izquierda (y así seguimos la dirección de las agujas del reloj), repite la misma frase y busca otra fortaleza de Pepe en la que él confíe.
- Adrián: «Pepe tiene calidad en la salida de balón y es optimista».
- El siguiente compañero a la izquierda de Adrián, vuelve a añadir otra bondad.
- Luis: «Pepe tiene calidad en la salida de balón, es optimista y juega bien con ambas piernas».

Y así hasta que acabe la ronda. Para que no se eternice, podemos ir eligiendo dos o tres jugadores por día, hasta que todo el mundo haya sido protagonista y haya podido escuchar lo que los demás esperan de ellos basados en cualidades que tienen o pueden potenciar.

Traslada también tus expectativas de forma individual, potenciando el talento que cada uno tiene y el que queda por descubrir. Para ello tienes que abrir tu campo de visión y buscar cómo hacer más grande a cada uno de los tuyos.

Cuando te reúnas con ellos individualmente, no les digas solo lo que esperas, debes debatir y planificar cómo llegar a donde tú crees que pueden hacerlo. Ayúdales a preparar un plan. El plan tiene que incluir:

**1.** Tu expectativa: «Lo que espero de ti esta temporada...», tanto a nivel deportivo como actitudinal.

**2.** Lo que debe entrenar para potenciar lo que le pides: «¿En qué tiene que hacer hincapié, de qué tiene que estar especialmente pendiente?».

**3.** Eliminar las dificultades, como el cambio de hábitos que le pueden perjudicar.

**4.** Pregúntale qué le parece y cuenta con su opinión. Que tú detectes un potencial no significa que el trabajador o el deportista quiera entrenarlo. Hay personas conformistas y acomodadas que no desean dar un paso al frente. Se sienten eficaces en su puesto y haciendo lo que hacen, y no tienen más motivaciones ni ambiciones. Esta opción debería ser respetada, salvo que en tu equipo de trabajo necesites que esa persona dé un paso al frente por el bien del objetivo grupal.

Por ejemplo, imagina que comunicas a un trabajador de tu empresa lo siguiente:

**1.** «Estás capacitado para asumir una nueva responsabilidad. Confío en ti y quiero que empieces a relacionarte con clientes extranjeros, estás preparado para negociar, argumentar y cerrar operaciones.»

**2.** «He programado dos cursos de formación. Tendrás unas clases intensivas de inglés para fortalecer tu fluidez y un programa de negociación que te ayudarán a tener mayor seguridad y conocimiento.»

**3.** «Necesito que pienses en las dificultades con las que puedes encontrarte, como la organización y planificación de tu casa, porque estos cambios afectarán a tu flexibilidad horaria, y que encontremos soluciones para que puedas desarrollarte en este área.»

**4.** Si estás de acuerdo con el plan, estaré encantado de que empecemos a actuar. Espero que este nuevo reto te motive y suponga un crecimiento personal y profesional para ti.

También es interesante comparar expectativas si el grupo tiene la madurez suficiente. Puedes proponer a cada jugador que escriba en una hoja qué espera él de sí mismo en el caso de que se implicara y trabajara a su máximo nivel durante la temporada. Que lo piense tranquilamente y traiga al día siguiente sus conclusiones. Y siéntate con tiempo y a solas con cada uno. Si existiera mucha diferencia entre lo que él espera de sí mismo y lo que tú previamente hayas pensado, no estaría mal intercambiar opiniones, entender las diferencias, y el por qué uno de los dos espera más.

Este ejercicio solo puedes practicarlo con un grupo maduro, que sepa definirse y que se conozca. Porque pudiera darse el caso de que lo que tú esperas de él esté por debajo de sus expectativas. Puedes explicarle que en un principio no quieres exigir más, y que una vez alcanzado el objetivo menos ambicioso, será genial poder luchar por lo que él se ha propuesto. Si sus expectativas estuvieran muy por encima de lo que realmente crees que es posible, intenta razonar y ponerle los pies en la tierra. Esto no puede llevarte a decirle que no está preparado o que no será capaz, pero que antes de cumplir un sueño como «ser jugador de la NBA» hay que formarse, aprender a competir, tener objetivos más alcanzables y disfrutar de cada paso. Muchos jugadores están influenciados por las expectativas de sus padres, que ven a su hijo con subjetividad y mejor de lo que realmente es.

Si el chaval se valora muy por debajo de lo que tú crees que es capaz, puede deberse a su inseguridad, a un exceso de humildad o al miedo al fracaso. Hay personas que tienen miedo a ponerse expectativas que luego no puedan cumplir y que eso les lleve a defraudarte.

Como entrenador también tienes que tener cuidado con el exceso de expectativas por tu parte. Hay jugadores a los que si les exiges algo para lo que se ven incapaces, pueden llegar a bloquearse. Algunos estudios han demostrado que las expectativas demasiado altas pueden tener efectos negativos. Si la persona se percibe incapaz de alcanzarlas, puede generarle presión la idea de decepcionarte, no estar a la altura y que esta sensación provoque ansiedad y angustia. Si alguno de tus jugadores te verbaliza que lo ve imposible, no insistas en que sí porque sí. Dialoga con él, argumiéntale tu punto de vista, muéstrale con datos por qué confías. Opiniones tenemos todos, pero los datos son irrefutables. Un buen razonamiento puede llevarle a modificar su punto de vista, percibirse más capaz de lo que se veía antes de la reunión contigo y terminar pensando que sí puede.

Un efecto similar al de Pigmalión es el efecto Mateo, acuñado por Robert K. Merton en la revista *Science* en 1968. Proviene de la cita bíblica del Evangelio de San Mateo, en la que afirma que «porque a todo el que tiene, se le dará y le sobrará, pero al que no tiene, aun lo que tiene se le quitará». En términos psicológicos podemos afirmar que el talento llama al talento. Una persona que se siente hábil, se muestra segura. Su seguridad le puede llevar a jugar con valentía, y la valentía, a tener más jugadas de éxito que alguien que se limita. Busca su complicidad. La complicidad es importante en las relaciones. No todo el mundo acepta los elogios y las bonanzas. Hay personas que se sienten muy incómodos cuando se les alaba. Y que el clima en el que se desarrollen estas conversaciones sea relajado y de respeto.

Para que trabajadores, alumnos, hijos y jugadores saquen su mejor versión, el punto de partida es conocerla. La confianza y el autoconocimiento surgen también de la visión que los demás proyectan de nosotros, de cómo nos ven. Los padres, maestros y entrenadores son los que en edades tempranas pueden generar seguridad y autoestima transmitiendo un apoyo incondicional, resaltando las virtudes de los que dirigen y corrigiendo de forma constructiva todo lo que se pueda potenciar.

La mente no tiene una capacidad limitada de atender estímulos selectivamente. Una persona acostumbrada a percibir más sus defectos que sus virtudes, no tendrá la misma seguridad que el que se siente fuerte y capaz. Como líder puedes influir de forma positiva en la percepción que tus jugadores tienen sobre sus habilidades. Si te rodeas de jugadores con autoestima, y seguridad, acumularás en el escaparate todas las fortalezas del equipo. A partir de ahí solo tendrás que elegir en función de tus necesidades de juego, sin dejar que la actitud te condicione. Todos queremos jugadores que se ofrezcan y no que se borren, y para ello tiene que haber una base sólida, tienen que querer ser protagonistas, sentirse apoyados por ti ante los errores y que confíes en que terminarán por ser brillantes.

Para hacerlo FÁCIL:

• Busca en cada uno de los tuyos su potencial.
• Comunica a tus jugadores, alumnos o trabajadores las cosas buenas que esperas de ellos. De forma clara, sencilla y en un tono positivo.
• Acompaña lo que comunicas con un tono de voz, volumen, mirada y sonrisa acordes a la situación.
• No insistas en sus errores. Los entienden a la primera. Repetir y repetir es machacar e insistir en lo que no funciona.

- Se trata más de potenciar sus fortalezas que de estar pendiente de sus fallos. Esto les dará seguridad.
- Lleva un seguimiento de tu talento como Pigmalión. Anota lo que esperas de ellos y evalúa en qué medida lo van consiguiendo.
- Refuerza cada logro, dirigiendo el elogio hacia los valores que le han llevado a conseguirlo más que al resultado en sí mismo.

---

### Habla el míster

*Afortunadamente cada vez más en deportes de equipo se presta más atención al individuo. Y no solo a nivel técnico, táctico o físico, que también, sino en el psicológico.*

*En mi opinión una de las grandes mentiras, o mejor dicho, de las grandes medias verdades, es que hay que tratar a todos los jugadores por igual. Me explico. La frase correcta para mí sería añadiendo... «con el mismo respeto». Hay que tratar a todos los jugadores con el mismo respeto. No se puede tratar a todos los jugadores por igual por la sencilla razón de que cada uno es diferente al otro. Puede haber jugadores parecidos en cuanto a personalidad y carácter pero no hay dos que sean exactamente iguales.*

*Una de las mayores diferencias entre muchos entrenadores de ahora y algunos de hace muchos años es el trato individualizado a la plantilla. La misma frase, la misma corrección, o halago o enseñanza... en dos jugadores distintos puede tener una consecuencia o reacción bien diferente; por ejemplo, una corrección delante de sus compañeros puede tener una consecuencia o reacción positiva o negativa dependiendo del individuo involucrado. Por esta razón, es básico conocer la personalidad de cada uno de los miembros de la plantilla.*

*Uno de los errores que puede cometer un entrenador es no conocer los nombres de algunos miembros de la plantilla, lo digo porque es un tipo de situación que la he visto en mi época de jugador profesional en algunos de los equipos que he jugado. Es una primera impresión que el entrenador tiene que cuidar ya que empiezas a ganarte el respeto de cada uno de los miembros de la plantilla.*

*Otro aspecto importante es el de tratar de tener la máxima información de cada uno de ellos; así, cuando hables con ellos individualmente, te los estás empezando a ganar y todo el mundo sabe que cuantos más jugadores tengas «ganados», mucho más fácil será la gestión del grupo. Ahí empiezas uno de los aspectos más importantes en mi opinión de un entrenador o gestor de personas y es la de tratar con el mismo respeto a todos.*

*A principios de temporada son muy importantes este tipo de reuniones individuales entre jugador y entrenador o miembro del staff. Es la mejor manera de conocerse, de empezar a hablar de objetivos individuales y colectivos, y de crear las expectativas entre las partes.*

ÓSCAR GARCÍA

# 4

# Un equipo unido es capaz de todo

El talento gana juegos, pero el trabajo en equipo y la inteligencia ganan campeonatos.

MICHAEL JORDAN

La cultura del nosotros por encima del yo dice que «uno para todos y todos para uno». La unión hace la fuerza. Pero ¿qué nos lleva a la unión? Un equipo unido se caracteriza por ser un equipo en el que el objetivo grupal está por encima de los egos individuales.

Hay una relación directa entre equipo, cohesión y rendimiento. Aquellos equipos que tienden a estar unidos y buscan objetivos comunes, y, sobre todo, objetivos en los que cooperar, poseen un valor importante para alcanzar el éxito y necesitan trabajar la cohesión. El término simbólico de «equipo» es sinónimo de éxito.

Brawley, Carron y Widmeyer (1998) definen la cohesión como «un proceso dinámico reflejado en la tendencia de un grupo a no separarse y permanecer unido en la búsqueda de sus metas y objetivos». Dado que es un proceso dinámico, nos permite intervenir sobre él, realizar ejercicios que favorezcan dicha cohesión y poder potenciarla. A pesar de que existen deportes en los que la cohesión tiene un papel más relevante, como son los deportes de equipo, incluso en los deportes más individuales como el atletismo, la cohesión suma. La cohesión está presente en los entrenamientos y en las competiciones.

Los atletas necesitan a sus compañeros para divertirse en las sesiones duras de trabajo, para sentirse apoyados en los malos momentos y reforzados en los buenos. En un grupo cohesionado hay mejor ambiente, independientemente de que los objetivos puedan ser individuales, como sucede cuando hay un saltador de longitud y un corredor que prepara la prueba de 1.500 metros lisos. En estos casos, ambos objetivos no tienen nada que ver, pero estar a gusto en un mismo recinto, compartir vestuario y autobús y querer lo mejor para el otro, favorece también el rendimiento individual.

Cuando un equipo no está cohesionado, sus miembros piensan más en cómo favorecerse ellos individualmente que en el objetivo colectivo. Y así es más difícil alcanzar los resultados, porque no se rema en la misma dirección. Los distintos intereses individuales generan distintos objetivos que pueden alejarse mucho de la meta grupal. También puedes encontrarte con un grupo semiunido, en el que una parte de sus integrantes se apoyan, pero otros se sienten apartados, piensan que no son tenidos en cuenta o tienen la sensación de que no encajan y no son relevantes. Tu labor como líder y gestor de personas es trabajar la motivación, la integración, la gestión del conflicto y la seguridad de estas personas.

Es interesante conocer que numerosos estudios han demostrado una bidireccionalidad entre cohesión y rendimiento. Los equipos cohesionados rinden más, y el éxito del equipo fomenta una mayor cohesión.

Algunas claves nos ayudarán a favorecer la cohesión:

- La composición del grupo.
- El carisma del director de orquesta, o sea, tu carisma.
- Tus habilidades como gestor de personas y tu justicia en el trato.
- Lo motivante que sea el objetivo grupal.
- El ambiente de trabajo.

Desde tu posición, ¿qué puedes aportar y entrenar para favorecer la solidez? Como entrenador, debes trabajar y potenciar la unión del equipo, para lo cual necesitas conocer las variables psicológicas que favorecen la cohesión: objetivo grupal; favorecer el conocimiento del grupo; sentimiento de pertenencia; código de conducta y valores; disfrute, pasión y flow; gestión de conflictos, y apoyo por parte de los miembros del grupo.

## Objetivo grupal

En los equipos cohesionados existe un objetivo grupal que está por encima de los individuales y que además es aceptado por todos los miembros del equipo. Como líder puedes crear un momento especial para definir entre todos ese destino. Deja que tus colaboradores y trabajadores también participen de su definición, así conseguirás un compromiso mayor.

Si el objetivo grupal lo definís en función del resultado, como puede ser desear «la permanencia», «el ascenso», «obtener un número determinado de ventas o clientes nuevos en la empresa», tenéis que acompañar el objetivo con la definición de otras metas grupales basadas en el rendimiento. Definir solo en función de un resultado puede generar frustración, porque los resultados no siempre dependen de tu buen hacer y el de tu equipo, sino de los rivales, del árbitro, de la empresa de la competencia u otras variables que no están bajo tu control.

Si quieres encontrar los objetivos de rendimiento, tienes que formular la cuestión así: «Para conseguir estos resultados, ¿qué tenemos que hacer?». Fíjate en el ejemplo de la siguiente tabla:

| Objetivos de resultado | Objetivos de rendimiento (¿Qué tenemos que hacer para alcanzar el objetivo de resultado?) |
|---|---|
| «Ascenso a Primera División» | • Mantener la misma intensidad en todos los partidos.<br>• No bajar los brazos con un marcador en contra.<br>• Estar disponibles para el equipo.<br>• Entrenar cada día como si fuéramos jugadores titulares.<br>• Etcétera. |

| | |
|---|---|
| «Aumentar los clientes en un 25 %» | • Mostrar pasión por lo que vendemos. Nadie compra al «hombre del traje gris».<br>• No rendirnos ante los noes.<br>• Saber escuchar las necesidades del cliente antes de imponer nuestros argumentos.<br>• Intercambiar, entre todos los comerciales, qué tipo de argumentos funcionan para vender mejor y los éxitos personales que puedan ayudar al grupo.<br>• Diferenciarnos de la competencia.<br>• Etcétera. |

Puedes elaborar un panel a la vista de todos, en el que se recojan los objetivos grupales y en el que puedas ir tachando y poniendo *ticks* en las submetas que alcancéis y que os acerquen al éxito final. Incluso dedicar un espacio en el que se recoja el modus operandi de vuestros jugadores o trabajadores, el *know-how* que pueda servir de ayuda a los demás compañeros. Se trata de tener una gran pizarra en la que se visualice dónde queréis llegar y en la que de forma clara y ordenada se puedan recopilar ideas, ayudas y éxitos que complementen a los demás y les ayuden a crecer como profesionales.

Antes de que tú, como líder, definas el objetivo grupal de tus jugadores, deja que ellos se manifiesten y te den su opinión. Si te adelantas y lo defines tú primero, estarás condicionando lo que pudieran haber dicho ellos y la creatividad de tu equipo. Tú tienes claro lo que necesitas del grupo, en parte por eso eres el que lidera el proyecto. Así que permite que los demás den rienda suelta a sus ideas e imaginación. Dales una ficha, y de forma anónima deja que se expresen.

### Dinámica:

Si esta temporada todo el equipo se entregara al cien por cien y trabajara cohesionado y con ambición, seríamos capaces de...

Lee todos los papeles en alto y recoge en un papelógrafo o en una pizarra las ideas de todos. No censures ninguna, ni por limitante o irreal, ni por exceso de ambición. Eso sí, ten cuidado y no leas las que pudieran tener comentarios negativos hacia otros compañeros. Siempre hay algún gracioso que escribe algo así como «Si Fulanito no se borra esta temporada, seremos capaces de alcanzar los objetivos». La dinámica es para compartir y sumar. Este tipo de comentarios restan, pero conocerlos a título personal puede ser muy valioso porque te dan información sobre aquellas personas que no están a gusto o sobre los compañeros que no están integrados.

## Favorecer el conocimiento del grupo

Los jugadores muchas veces se encuentran en una ciudad nueva, cultura, hábitos o gastronomía distintos. Todo lo que podáis hacer para que entre ellos se conozcan mejor, favorecerá las relaciones personales y profesionales.

Existen dinámicas que puedes utilizar durante el entrenamiento en el campo, y otras para trabajar en el vestuario, en la sesión de vídeo o en alguna charla.

### Dinámica 1

Pide en el vestuario que los jugadores, antes de salir a entrenar, contesten a una pregunta relacionada con el conocimiento personal:

- Tu estilo de cine o película favorita.
- Tu comida preferida.
- El nombre de sus parejas.
- A qué dedicas tu tiempo libre.
- Último libro que has leído.

Los jugadores tienen que escuchar atentamente lo que dice el compañero y retener la información. A partir de ahí, durante el entrenamiento, se le pide en algún momento del calentamiento, como puede ser el rondo, que cada vez que pase el balón a su compañero lo nombre según la respuesta dada a la pregunta. Si, por ejemplo, lo que se ha trabajado en el vestuario es conocer el nombre de las parejas, cuando pase el balón a Juan, lo llamaré Sonia (el nombre de la mujer de Juan).

La dinámica favorece conocer aspectos personales cotidianos (ocio y tiempo libre, gastronomía, nombre de los hijos y parejas, intereses), y trabaja la concentración y además es divertida.

## Dinámica 2

Elabora una serie de preguntas o frases incompletas relacionadas con información que a ti te gustaría que cada jugador tuviera del otro. Las preguntas a continuación solo son un ejemplo, tú puedes elaborar las tuyas propias. Cuida que no sean demasiado íntimas como para que el jugador rechace contestarlas.

- ¿Qué actividades te relajan?
- ¿Cómo te gusta que los compañeros te muestren apoyo cuando cometes un fallo en el campo?
- ¿Qué significa para ti darlo todo en un partido?
- ¿Cómo te gusta que te corrijan?
- ¿Te resulta fácil comunicarte en el vestuario?

Con la información recogida conviene elaborar un documento en el que se recojan las respuestas de todos. Aquellas que solo sirvan para darte información a ti, guárdalas. Y las que pudieran contener información útil para todos los miembros del grupo, compártelas por correo electrónico. Para muchos jugadores pudiera ser interesante saber cómo prefiere ser animado cada uno de sus compañeros.

## Dinámica 3

Para trabajar los aspectos meramente deportivos o de empresa, puedes pedir que el jugador complete la frase «Yo ofrezco...» un número de veces:

- Yo ofrezco... «velocidad y centrar balones al área».
- Yo ofrezco... «dar ánimos cuando cometamos un error».
- Yo ofrezco... «ser atrevido y buscar siempre el gol».

Si fuera un trabajador de tu empresa, podrías obtener respuestas como:

- Yo ofrezco... «ser comunicativo y compartir mis experiencias con el grupo».
- Yo ofrezco... «mantener la calma cuando tengamos momentos de tensión. Soy una persona tranquila y suelo mediar bien en este tipo de situaciones».
- Yo ofrezco... «cumplir con las plazos y fechas para poder agilizar el trabajo de todos».

Como entrenador también puedes elaborar una lista con lo que tú ofreces, sería una buena declaración de principios.

Ofrecer tu talento al grupo es ser generoso, aumenta el compromiso que tienes con el equipo, dado que la dinámica queda registrada y es visible para todos, y te permite trabajar la confianza y seguridad del jugador al inducirle a pensar en sus fortalezas.

### Dinámica 4

Puedes elaborar un mural o panel en el vestuario o empresa, en el que se vayan recogiendo los logros del equipo, tanto grupales como individuales. Los individuales los tienen que escribir los compañeros, pero nunca el protagonista del éxito. De esta manera favorecemos que los jugadores valoren el éxito de los demás y estén pendientes de lo que suma en el equipo. Los deportistas se sienten muy agradecidos cuando un compañero anota en el mural una actividad suya. Favorece la seguridad y el agradecimiento. Y cuando te sientes agradecido, aumenta el compromiso y la bondad hacia el grupo. Así se genera la cohesión, con pequeños gestos y sintiéndote importante en el grupo.

Estas cuatro dinámicas son muy divertidas y las puedes practicar en el deporte, empresa o en clase con tus alumnos, tengan la edad que tengan. Solo tienes que adaptar las preguntas a vuestras necesidades.

A través del club, colegio o empresa, también puedes pedir que elaboren un directorio de establecimientos, servicios o tiendas que puedan serles de utilidad a los jugadores, alumnos y trabajadores y que les facilite su adaptación.

Las mujeres de los jugadores también son personas que os pueden ayudar a trabajar la cohesión. No las mantengáis al margen. En muchos clubs organizan actividades interesantes para ellas, desde cursos de formación hasta planes de ocio. La mujer de un jugador es un pilar fundamental en su vida, le da estabilidad y rutina.

## Sentimiento de pertenencia

El sentimiento de pertenencia forma parte de la socialización. Las personas necesitamos saber que pertenecemos a un equipo, una comunidad, una familia o un grupo de amigos con el que nos identificamos. Significa sentir que perteneces a algo y eso te ofrece seguridad. La idea de pertenecer nos da unidad.

Es importante fomentar los vínculos afectivos y el amor hacia el escudo, la camiseta, el club o la empresa para la que trabajas. Estas señas de identidad se convierten en un nexo común entre todos. Los miembros que componen el equipo se esfuerzan y defienden unos colores con la finalidad de alcanzar un mismo objetivo.

Una de las críticas más habituales por parte de la afición cuando deducen que los jugadores no están dando todo su potencial, es decirles que no sienten los colores, ni la camiseta ni el escudo. Para un jugador eso es una ofensa. Lo interpreta como falta de profesionalidad, dejadez y desmotivación. Un jugador que no siente los colores es sinónimo de jugador pasota, el que no se esfuerza por el equipo ni por el club y al que todo le da igual.

Lo cierto es que nadie desea hacer mal su trabajo. Pero el nivel de motivación aumenta cuando en un equipo se trabaja el sentimiento de pertenencia, consiguiendo que además de contar con el talento, sume la emotividad. Un ejemplo de pertenencia es el sentimiento de los jugadores que han estado en su club desde pequeños. Han crecido con los compañeros en la cantera. Se les ha formado para querer y respetar al club, y llevan toda la vida trabajando en equipo con un mismo objetivo grupal, sin importar la edad, la categoría o el puesto. Se trata de jugar y sentir tu club. Estos jugadores están deseando en algún momento de su carrera profesional poder representar a su club en la máxima categoría.

Amar tu casa, tu empresa o tu colegio es un signo de respeto y admiración. El respeto, la admiración y el sentimiento de pertenencia van de la mano. Hay que conseguir retener el talento, no solo con el salario económico, sino también fidelizando al jugador e invirtiendo en el salario emocional. El chaval y el trabajador que aman su empresa y su club, desean jugar en él, sentirse partícipe de los éxitos, marcar goles en su estadio y verse aplaudido por una afición que siente lo mismo que ellos: amor hacia un escudo.

Sentir los colores es el resultado de un trabajo bidireccional. Quiere decir que no puedes exigir una actitud y un sentimiento, si no has formado, «mimado» e inculcado este sentimiento. Para trabajar la pertenencia puedes:

- Dar a conocer a los niños y a los jugadores que llegan nuevos la historia del club. La memoria histórica recoge las leyendas, las grandes hazañas, los jugadores insignia, los momentos de gloria y los momentos difíciles. La formación empieza por conocer los inicios. Lo mismo ocurre cuando nos enseñan historia en el colegio. Puedes elaborar un cuento, un vídeo o tener un museo en el que no solo se pasee a los visitantes, sino en el que se lleve a los niños y se les hable, con emotividad, de cómo se fundó y creció el club. Lo mismo puedes hacer en tu empresa. Y esto es tan válido para los pequeños como para las grandes figuras del primer equipo.

- Se pueden realizar concursos de dibujos, relatos o collages que tengan que ver con la historia del club. Concursos en los que participen los padres y los hijos y que fomenten la unión y la cooperación.

- Educar en valores. Valores que definan la filosofía y el buen hacer de todos los miembros del club o de la empresa. Valores que estén colgados en lugares visibles, que se compartan con las familias y por los que se refuerce a los niños cuando actúen en consecuencia. No solo se debe valorar el talento y esfuerzo deportivos, también hay que reforzar la generosidad, la puntualidad, la unión, etc.

- Formar a los capitanes de todas las categorías para que se conviertan en los difusores de los valores y la historia del club, sobre todo con los jugadores que llegan nuevos.
- Como entrenador, interésate por la historia del club. Los entrenadores pasan por muchos clubs en su vida. Con algunos sienten más afinidad, y otros los conocen menos. Muestra interés y respeto por la casa en la que estás. Cada club tiene su idiosincrasia y su personalidad, igual que tú tienes la tuya. Es un signo de respeto saber qué y cómo se respira en tu lugar de trabajo.
- Alienta a los jugadores de cualquier categoría a que animen a sus compañeros de otras. Los jugadores profesionales o los del filial podrían visitar a los pequeños en el algún partido. Esta actividad provocará el orgullo de los más jóvenes, se sentirán orgullosos de pertenecer a un club en el que todos se apoyan y respaldan.
- Como entidad, organiza actividades deportivas o extradeportivas que permitan que todos los miembros puedan tener contacto entre sí: los pequeños y los más mayores. Las experiencias y presencia de los jugadores de categorías superiores siempre es un estímulo y un aprendizaje para los chiquitines. Tener contacto con los jugadores a los que admiran, tener accesibilidad, es fomentar el respeto y la admiración.

En definitiva, se trata de organizar actividades en las que se eduque sobre la historia y los valores del club. Y da a tu grupo el mismo trato que te gustaría recibir de ellos. Y si en la empresa crees que tus trabajadores no sudan la camiseta, quizá como jefe podrías preguntarte si la empresa está siendo justa, coherente y motivadora con sus trabajadores.

Se trata de fomentar el que cada uno de los miembros sienta orgullo por pertenecer al equipo y a la empresa.

## Código de conducta y valores

Los equipos de trabajo se rigen por una filosofía y un conjunto de normas que todos deben respetar para su buen funcionamiento. Hay un código que viene impuesto por la empresa, escuela o club. Y también las familias, padre, madre e hijos, tienen sus propias normas de convivencia. A pesar de que exista un código general en el club, como equipo podéis definir uno propio que puede aplicarse a vuestro grupo y vuestras necesidades. En ningún momento este código de conducta puede tener directrices contrapuestas a las generales de la empresa.

El código de conducta recogerá las normas de disciplina con las que todos os comprometéis. Normas y reglas que faciliten la tolerancia, la cohabitación y la relación entre todos los jugadores y el cuerpo técnico. Tener por escrito los límites, facilitará la convivencia. Cada uno estará informado de cómo y cuándo debe proceder. En un equipo en el que hay tantas personas con formas de ser diferentes, aunar las normas de convivencia constituye una declaración de principios.

Este código tiene que aplicarse a todos por igual, tanto al cuerpo técnico como a los jugadores. Ayuda a fomentar la responsabilidad y el compromiso con el grupo. No hagas excepciones con el jugador estrella porque necesitas tenerlo de tu lado y que esté feliz para poder competir bien. Permitir que no se tenga que adherir a las normas generales sería injusto hacia el resto de los miembros.

Haz partícipes a los jugadores y al cuerpo técnico. Deja que cada uno se exprese y te ponga por escrito aquellas normas que le parezcan fundamentales para el buen funcionamiento del grupo. Podrías entregar una ficha como la siguiente a cada uno:

### Dinámica

Anota tres normas que desearías que se cumplieran para el buen funcionamiento del equipo. Las normas pueden estar relacionadas con lo que se puede permitir y lo que no, con el orden, con la forma de trabajar, con los valores o con cualquier detalle que fomente el respeto y la convivencia en el grupo.

- 
- 
-

Cuando tengas todas las respuestas, busca reunirte con los capitanes y tu segundo entrenador, y definid entre los presentes un decálogo que se va a respetar y las consecuencias derivadas de no hacerlo. Si el castigo por incumplir una norma es económico, decidid a qué se va a destinar ese dinero: regalos para niños enfermos, una asociación específica, una cena del equipo, etc.

Cuelga en un lugar visible el código de conducta, incluso envíalo por WhatsApp o correo electrónico, y sé coherente y justo con él.

Este mismo procedimiento lo puedes aplicar en tu familia, con todos los miembros que comparten la casa. Un código con el que se comprometen padres e hijos, definido y respetado por todos. Puede incluir el reparto de las tareas domésticas, el orden de la casa, las actividades de los fines de semana, el modo en que os habláis, el estar pendiente de reforzaros y animaros en los éxitos y realizar críticas constructivas ante los errores y fracasos.

Una vez acordado el código de conducta, puedes definir los valores con los que cada miembro se va a comprometer a lo largo de la temporada. Valores que se relacionan con el estilo de juego o con la filosofía general de la entidad, valores que representan a tu empresa o a tu familia.

Haz partícipe al grupo también en este ejercicio. Te facilito tres dinámicas.

## Dinámica 1

Realiza un collage con la siguiente información. Pide a cada jugador que elija los tres valores con los que más se identifique, por ejemplo: garra, esfuerzo y perseverancia. Y que realice una definición, de dos o tres renglones, de cada uno de los tres valores, relacionada con su actividad. Pega en cartulinas la foto del jugador junto con sus definiciones.

## Dinámica 2

Escribe en grande, en algún hueco de la pared del vestuario o, si eres padre o madre de familia, en la pared de la cocina, los diez valores más votados por el grupo. Valores que serán la seña de identidad con las que se va a convivir y esforzarse durante el año.

**Dinámica 3**

Pide a cada trabajador o jugador que busque un personaje histórico, o un deportista emblemático con el que se identifique. Que expliquen brevemente por qué creen que se parecen a ellos o qué valoran de ese personaje, y que extraigan el valor que define a ese personaje. Ese será el valor con el que el jugador se comprometa toda la temporada.

Recuerda después de los entrenamientos y partidos qué valores de los que habéis elegido se han puesto en práctica. Refuerza a los tuyos, sobre todo con lo que hacéis, en lugar de con críticas sobre lo que carecéis.

También puedes trabajarlo en familia. Cada vez que tu hijo sobresalga en un examen o resuelva satisfactoriamente una discusión con los amigos, ayúdale a reflexionar y encontrar qué valor le permitió tener éxito: la generosidad con el amigo, perdonar los agravios, esforzarse y levantarse temprano para repasar el tema del examen, etc.

Si redactáis los valores pero dejáis de prestarles atención a lo largo del año, será como si no existieran. Debes recordarlos de forma positiva, para agradecer al grupo el compromiso adquirido y la coherencia del trabajo actual con lo pactado al inicio de la temporada.

Valora especialmente al jugador que cumple con los valores, no solo al deportista que mete goles. No todos tienen el mismo talento deportivo en un equipo, o la misma inteligencia para resolver problemas en tu clase del colegio, pero sí que todos tienen algún motivo por el que sentirse importantes en el grupo. Estar pendiente, no solo de los resultados sino también de las actitudes y buenas maneras, permitirá que todos tengan un motivo para sentirse orgullosos dentro del grupo.

## Disfrute, pasión y flow

Disfrutar de la actividad que desarrollas tiene un valor incalculable. Y si además disfrutas del grupo, mejor. Mihály Csíkszentmihályi

(1999), psicólogo que definió la teoría de la Zona de Flujo, encontró una relación directa entre la capacidad para disfrutar la tarea y el incremento del rendimiento. El estado de *flow* nos facilita la atención plena, y la atención plena incrementa el rendimiento.

Sentirte a gusto en un grupo, reír con ellos y compartir un mismo humor, facilita el bienestar general. Es más sencillo recuperarte de un error o una derrota cuando tienes un grupo con el que te sientes cómodo. El lugar de trabajo o la familia tiene que favorecer un ambiente distendido y relajado, en el que se pueda bromear, en el que no haya que estar midiendo cada palabra ni analizando cada comentario por miedo a que se malinterprete y pueda sentar mal.

Aquellos ambientes de trabajo en los que se respira buen humor favorecen el estado de tranquilidad y quitan presión a la ya dura y competitiva temporada.

Las áreas de recursos humanos, o de personas, como a mí me gusta llamarlas, cada vez están haciendo más hincapié en la importancia de la psicología positiva para motivar a sus trabajadores. Estamos muy equivocados si pensamos que la mayor motivación para un trabajador es la recompensa económica. Muchos son los estudios que demuestran que los trabajadores, si se sienten bien pagados, lo que más valoran es el buen ambiente, tener compañeros en los que poder confiar, que les permitan tener autonomía, tener un buen jefe que les dé seguridad y oportunidades, la flexibilidad horaria y sentirse importantes dentro del grupo. Todas estas motivaciones intrínsecas están relacionadas con un aumento en la productividad. No solo con dar recompensas económicas mejoras el rendimiento.

Si es tan evidente, ¿por qué no se modifica? Muchos son los líderes que asocian diversión con falta de responsabilidad. Pero no tienen nada que ver. Sentirte a gusto en tu trabajo y en tu vestuario fomenta la creatividad, incluso la cantidad de tiempo que destinas al trabajo. Nadie quiere salir corriendo del lugar en el que se encuentra a gusto. Reírse y pasarlo bien en el trabajo es una fuente de motivación.

En un equipo en el que te llevas bien, siempre estás dispuesto a dar un plus más por quien precisa de tu colaboración. Por el contrario, las disputas, la falta de complicidad en el grupo, conflictos, problemas de comunicación, sentirse mal liderado, llevan a trabajar lo justo. Nadie se quiere esforzar en un ambiente hostil ni por unos compañeros con los que no se han generado lazos emocionales. El «buen rollito» suma.

Para fomentar el buen estado de ánimo, empieza tú por no ser un «entrenador vinagre». Sonríe, transmite comentarios positivos, da los buenos días, mira a tu gente a los ojos, da muestras de afecto, como tocar el brazo, pasar el brazo por encima de su hombro y, en definitiva, estar cerca.

Propón actividades extradeportivas o extralaborales, como excursiones, barbacoas, alguna comida, algún concurso o premio que motive al grupo a trabajar unido y compartir momentos personales.

Una relación afectiva positiva ayuda a conseguir los objetivos grupales. Como gestor de personas, no pierdas nunca de vista la idea de jugar. Los chavales juegan al fútbol. Todavía se asocia jugar a la conducta irresponsable y la falta de compromiso. En las empresas puedes escuchar comentarios como: «Estos, ¿qué hacen riendo todo el rato? Diles que se pongan a trabajar». Nada más lejos de la realidad. Jugar facilita el aprendizaje, porque crea un ambiente distendido, divertido y relajado. Tenemos infravalorado el juego y la diversión porque los asociamos a la conducta poco seria. Jugar es el lado divertido de la vida, y el juego, el rondo, relajan.

## Gestión de conflictos

En cualquier grupo surgen conflictos. Lo adecuado es resolverlos de forma eficaz. Por ello necesitas entrenar al grupo en la resolución y actuar muchas veces como mediador. Una sola persona difícil de llevar puede terminar enrareciendo todo el ambiente, y más aún si cuenta con liderazgo.

Los conflictos te dan información y funcionan como una alarma. Evitarlos o pensar que se resolverán de forma natural es un error. Al revés, podrían enquistarse y provocar emociones difíciles de olvidar.

¿Por qué se origina el conflicto? Un conflicto surge cuando hay opiniones o intereses distintos. Lo normal es que cada una de las partes quiera que prevalezca su idea. Y muchas veces se hace a través de la imposición, en lugar de la mediación y cooperación. Tendemos a huir de los conflictos porque la experiencia que tenemos con ellos es desagradable. Conflicto suele ser sinónimo de pelea, gritos, falta de respeto y otras conductas agresivas que tratamos de evitar. Ahora bien, si consigues aprender a resolver conflictos de forma habilidosa, podrás beneficiarte de ellos y aumentarás tu credibilidad como líder. Detrás de un conflicto bien resuelto, siempre hay un paso al frente, un cambio o una puerta que se abre.

En un conflicto todo el mundo puede tener su parte de razón, por eso es muy importante saber escuchar, ser empático, ceder y tomar decisiones en las que cada parte gane. Piensa que para resolver adecuadamente un conflicto, necesitas negociar, y que en toda negociación saludable, ambas partes ganan, pero también pierden. Así que asume que en algo tendrás que ceder para resolver la situación.

Como líder tendrás que tomar decisiones con las que no todos estarán de acuerdo. No pierdas el norte, el objetivo grupal será el motivo que justifique tus decisiones. Sé justo y resuelve con sentido común y consenso más que por la mera intuición o porque siempre lo hayas hecho así.

En el deporte, en la empresa y en la familia, los tiempos cambian, y con ellos la forma de entrenar, de relacionarte y los procedimientos de trabajo. Ponte al día, escucha a los profesionales que te aconsejan y a tus trabajadores. Informarte y dejarte aconsejar no es una señal de no saber qué tienes que hacer, sino de interés e inteligencia. Es imposible que tú domines todas las áreas. Los buenos líderes se rodean de personas que les aportan conocimiento y experiencia en las áreas en las que ellos cojean. Rodearte de gente brillante en tu equipo de trabajo es un signo de seguridad. Solo los débiles e inseguros se rodean de personas mediocres que les hacen parecer mejores a ellos.

Sigue estos pasos para solucionar conflictos:

- Busca una reunión tranquila en la que no tengas prisa.
- Prepárate la reunión para apelar a la calma y la buena actitud.

Deja de lado todo lo que puede acrecentar el conflicto: imponer, ordenar, abusar de posición de superioridad, sermonear, censurar, hacer juicios de valor, criticar, sentar cátedra, someter a la otra parte a un interrogatorio o hacer bromas que estén fuera de lugar o ridiculizar.

- La mayoría de las veces, el objetivo para las partes es el mismo, en lo que no estáis de acuerdo es en la manera de alcanzarlo. Centra la atención en lo que une, más que en lo que os separa. Recordar este punto durante la reunión permitirá que sigan generándose sinergias y complicidad que en momentos de tensión pueden perderse.

- Expón el problema o el motivo de conflicto. Trata de describirlo en términos objetivos, sin añadir juicios de valor ni consecuencias catastróficas, y sin alarmismos. Cerciórate de que todos entienden el conflicto tal y como tú lo has expuesto. Puedes preguntar algo así como: «¿Estamos todos de acuerdo en que este es el motivo de desacuerdo?».

- Deja que cada persona, tu cuerpo técnico, capitanes, o un jugador en particular, cualquiera que esté en la reunión, exponga sus razones y argumentos.

- No os desviéis del problema, ni hagáis reproches de otras situaciones ya superadas.

- No ridiculices ninguna de las ideas expuestas, ni hagas comentarios como «esto es una tontería», «a quién se le ha ocurrido esta chorrada», «no tiene sentido ninguno». Solo escucha, no juzgues.

- No interrumpas, ni quieras hacer ver tu visión sin dejar que todos se expresen.

- Trata de que alguien recoja la síntesis de lo que se está hablando en una pizarra. Escribid las palabras claves y procura que estén recogidas todas las ideas.

- Termina dando tu opinión.

- Acepta la parte de verdad o razón que tengan los demás, y luego argumenta tu idea.

- Pide a los otros que te ofrezcan soluciones alternativas y razona con ellos en qué medida son viables o no lo son.

- Cede en lo que se pueda, y no negocies con lo que no es viable.

- Si después de escucharos —que no «oíros»—, no llegáis a un punto de acuerdo, toma tú la decisión que más beneficie al grupo. Y responsabilízate de la misma. Eres el líder.

- El objetivo es que los que participan se sientan comprendidos, escuchados y que salgan ganando en algo más de lo que tenían antes de empezar la reunión.

- Agradece a los que han participado el haber dedicado su tiempo, su paciencia y sus concesiones. Diles que te sientes orgulloso de la decisión tomada por todos y que da gusto resolver conflictos con ellos. Hará que se sientan cómodos y valorados por el esfuerzo que han hecho en sus concesiones. Y permitirá retener esta experiencia mediadora como un recuerdo agradable y positivo de una negociación. Verás qué sencillo es volver a negociar la próxima vez.

## Apoyo por parte de los miembros del grupo

A lo largo del año escolar, de la temporada deportiva o del proyecto empresarial atravesaréis buenos y malos momentos. Ideas creativas, soluciones, fracasos, victorias, compañeros que se irán añadiendo y otros que irán abandonando el barco. Es importante que el grupo sea una piña y se apoye en cada fase. Apoyarse ayuda a perseverar en la consecución del objetivo. Los miembros del grupo se motivan entre ellos y buscan dar ánimo en los momentos más flojos. Esta motivación facilita valores como perseverar. Lo que uno da es lo que uno recibe.

Las personas se sienten apoyadas cuando obtienen un interés sincero, como por ejemplo: «Lo hago porque tú mereces la pena, porque eres mi compañero y te aprecio»; en lugar de tener una ayuda manipulativa en la que se escondan segundas intenciones.

El tipo de ayuda que el grupo puede prestar y que tú puedes facilitar consiste en tener tiempo para escuchar, ofrecer soluciones, ser empático y apoyar en los momentos de debilidad, tener calidad humana para facilitar el afrontamiento o la solución de problemas personales, dar apoyo técnico y deportivo a quien atraviesa un momento de inseguridad, adaptar tu estilo de liderazgo para sacar lo mejor de cada uno, pedir ayuda a otros profesionales para ayudar a tus jugadores, etc.

Fomenta que los compañeros se ayuden entre sí. Cuando un trabajador o jugador te pida algo, a pesar de que tú se lo puedas resolver, una manera de involucrar al grupo es hacer algún comentario sincero como: «En esto que me preguntas, el artista es Felipe, te podrá ayudar mejor que yo». Cuando tu hijo te pida ayuda con un ejercicio, fomenta que se ayuden entre los hermanos: «Tu hermana tiene más estilo para vestirse, pregúntale lo del conjunto de camiseta, que tendrá una idea más estilosa que la mía».

Todo lo que se refuerza y agradece, tiende a repetirse. Así que agradecer la ayuda es fundamental para que el hecho de ayudar se convierta en un hábito. Da las gracias a tus jugadores, trabajadores y familia, y pídeles que sean agradecidos con sus compañeros. El agradecimiento forma parte de la atención. Si no atendemos a los que nos ayudan, no seremos capaces de valorar esos gestos. Se nos escapa aquello que no estamos buscando.

Puedes trabajar esta dinámica para fomentar el agradecimiento:

### Dinámica

Sienta a tus jugadores en círculo, o en el vestuario —según el lugar que tengan asignado del banquillo—, o a tus trabajadores en una sala de reuniones, y pídeles que agradezcan algo a la persona que tienen a la derecha o a la izquierda, y que luego agradezcan a cualquier otro miembro del grupo algún momento que, durante la semana, haya supuesto para ellos una ayuda.

El agradecimiento tiene que estar bien definido y pensado en función de una conducta concreta. No es muy creíble, o no hará sentirse bien del todo al jugador, que alguien le agradezca de forma general: «Gracias por ser buen compañero». Es mejor especificar: «Te agradezco el pase de gol que me diste en el entrenamiento del jueves pudiendo haber tirado tú ese balón a puerta». Cuanto más personal sea el «gracias», más valor tendrá.

De esta manera obligamos a los chavales a que presten atención a los gestos de cooperación, ayuda y benevolencia, porque al final de la semana se les va a preguntar por ellos. Pidiendo que nombren siempre al de la derecha o al de la izquierda, te aseguras de que todos reciban un «gracias», y eligiendo a un compañero al que agradecerle algo, obtienes información de quiénes son mejor valorados y por qué.

Existen otros factores claves en la cohesión grupal:

- La comunicación asertiva, que favorece el trabajo en grupo y las relaciones sociales. Las personas que se llevan mal tienen más interacciones negativas, se malinterpretan y le sacan punta a todo. En un grupo en el que funciona la comunicación, se bromea, se bieninterpreta a los compañeros y se dejan pasar comentarios que en otros ambientes podrían haber despertado la suspicacia de alguno.
- Liderazgo grupal, tanto el que ejerce el entrenador como el que ejercen los capitanes.
- La confianza y seguridad en el grupo y en el míster.

Tienes una información más detallada sobre estos factores en los capítulos siguientes.

Una de las variables que convierte al grupo en equipo es la cohesión. La cohesión la tienen que construir todos los miembros del grupo, desde lo más íntimo del equipo, cuerpo técnico y jugadores, hasta todos los que de alguna manera pueden influir en él: familia, directivos, etc. La cohesión en un equipo es un valor indiscutible. Por ello debes favorecer:

- Un mayor disfrute: la valoración que los trabajadores y componentes hacen de su equipo es positiva. Hablan bien de los demás cuando no están presentes, dan la cara por su entrenador y se defienden ante la adversidad.
- Mayor entrega y compromiso.
- Mayor rendimiento.
- Continuidad del proyecto. La estabilidad es fundamental para que un proyecto eche raíces. Nadie querrá abandonar un lugar de trabajo en el que se siente valorado y respetado, y en el que disfruta con su trabajo.

- Fidelidad y lealtad hacia el equipo y hacia la camiseta.

- Más respeto: se confía en el trabajo y no se cuestionan los errores individuales porque se entiende que son errores del equipo. Los compañeros se sienten apoyados en los fracasos y cuentan con la confianza de que cualquiera de los compañeros y del equipo tratarán de enmendar el error personal.

**Habla el míster**

*No es ninguna casualidad que muchos jugadores, cuando son entrevistados e interpelados por la razón de su éxito como equipo digan que es la unión del vestuario, la unión del grupo. Tener al grupo cohesionado y unido es una de las grandes claves para el buen funcionamiento y rendimiento del equipo.*

*Partiendo de la base de que es prácticamente imposible tener a 25-30 jugadores siempre contentos, sabiendo que solo pueden jugar 14 como máximo en cada partido, lo que sí se puede es tener a una gran mayoría comprometidos y unidos.*

*Uno de los días más difíciles tanto para el entrenador como para algunos jugadores es el día después del partido. Normalmente ese día el grupo se divide en dos, los jugadores que han jugado más minutos el día anterior hacen un trabajo de recuperación aparte del resto de jugadores; estos tienen que hacer un entrenamiento compensatorio para seguir estando al mismo nivel físico que sus compañeros que jugaron el partido. Hay muchos tipos de entrenamientos compensatorios, con y sin balón. Nosotros siempre lo hacemos con balón, ya que psicológicamente es mucho mejor para el jugador que está fastidiado por no haber participado el día del partido pero que necesita un trabajo físico exigente para llegar al objetivo que nos hemos marcado para ese entrenamiento. En estos días es muy importante buscar entrenamientos exigentes pero a la vez motivadores para el jugador que está «descontento» por no haber jugado el día anterior. Si les haces realizar un trabajo físico sin balón les estás quitando un estímulo muy importante para que sea un* entrenamiento de calidad, sin balón puede que el nivel de trabajo y cohesión que buscas decaiga.

Es un día en el que la figura del primer entrenador es muy importante. En mi época de jugador he estado en los dos grupos, unos días en el de recuperación y otros muchos en el de compensación. He experimentado lo que siente el jugador y hay que ir con mucho cuidado para no empezar a desunir o restar cohesión al grupo en ese momento. La sensación es muy negativa cuando un jugador está haciendo el trabajo compensatorio y ve que el primer entrenador está solo pendiente y charlando con los que jugaron el partido. Os puedo decir que los comentarios en esos entrenamientos con este tipo de entrenadores no eran especialmente de cohesión ni de unión. Te sientes apartado, como si no formaras parte del grupo, o no contaras para nada, piensas que cómo te vas a ganar un puesto en el equipo si el entrenador no está pendiente de estos jugadores, si ni siquiera los mira. De ahí la importancia de la presencia del primer entrenador en estas sesiones.

Otra clave para tener a esos jugadores unidos y comprometidos es no corregir demasiado en este tipo de sesiones y sí animarles mucho y reforzar lo que están haciendo bien. El entrenamiento sube de nivel y de intensidad con este tipo de comentarios.

En Inglaterra es habitual que el entrenador, al terminar el encuentro, dé una charla a sus jugadores. En mi opinión es un momento demasiado delicado para hacerlo, a no ser que haya pasado algo grave de indisciplina o de falta de respeto. La adrenalina está a unos niveles muy altos, las sensaciones que tienes justo al terminar el partido, muchas veces pueden no ser las acertadas o correctas para valorar el partido... Les expliqué mi opinión a los jugadores, que mi idea es no dar esa charla justo al terminar el partido por las razones que he explicado antes, que les felicitaría al acabar el encuentro a cada uno, a unos por su esfuerzo, por darlo todo, y a los que no hubieran participado en el terreno de juego, por su apoyo y profesionalidad. Decidimos que hablaríamos del partido al día siguiente, cuando todo el mundo estuviera más relajado, así se hizo y os puedo asegurar que las conclusiones sacadas al día siguiente son mucho más acertadas que las extraídas en caliente el día del partido. En el día del entrenamiento postpartido les pido a algunos jugadores que me den su opinión de las cosas que se hicieron bien y de las que se pueden mejorar, escojo a jugadores alternos —que hayan jugado y que no lo hayan hecho— en cada partido, y después pregunto si alguien quiere añadir algo más antes de dar mi opinión acerca del partido y de sus posteriores opiniones. Haciendo partícipes a jugadores que no jugaron, consigues que todos se sientan parte del grupo, además de que su opinión muchas veces es más acertada, dada su «privilegiada» visión desde fuera.

Hay muchas dinámicas para la mejora de la cohesión del grupo. La época de pretemporada es una etapa muy importante para ello. Es la primera vez que los jugadores y el staff conviven juntos durante días. Sé que no todos los equipos o grupos de trabajo se pueden permitir hacer estas concentraciones, pero si os es posible, animo a todos a hacerlas. Es una época en la que los jugadores y/o el staff nuevo utilizamos para conocernos mejor entre nosotros y, como ya ha quedado explicado en el libro, cuanto mejor y más conozcas a las personas con quienes trabajas, colaboras, intercambias ayudas... mucho mejor para el grupo, el equipo de trabajo...

Soy de los que les gusta hacer cosas de vez en cuando para «hacer grupo». Y me gusta hacerlo en los momentos difíciles de la temporada, con resultados no positivos, malas dinámicas... Y ¿por qué en esos momentos? Es muy sencillo. Cuando ganas y todo va bien es muy fácil que el grupo esté cohesionado y unido. Cuando no son tan buenos los momentos es cuando el grupo tiene que estar más unido y ayudándose unos a otros, por eso organizamos partidas al paintball entre dos equipos, donde tienes compañeros que puedes ayudar para conseguir un objetivo; o vamos a los karts, formando dos equipos para ver quién consigue los mejores resultados —los jugadores se animan de una manera increíble—... hay una infinidad de *juegos con los que puedes conseguir el objetivo que estás buscando para la cohesión y aumentar el nivel de cooperación en el grupo.*

*No solo puedes conseguirlo fuera del hábitat natural que es el entrenamiento. Puedes adaptar entrenamientos para conseguir este tipo de cosas. Por ejemplo, siempre hay algún entrenamiento un poco «aburrido» para los jugadores, como cuando se hace un trabajo táctico prolongado, cuando se prepara la estrategia... son ejercicios muy repetitivos y pueden ser muy prolongados. En esos días preparamos siempre, al acabar el entrenamiento, algún tipo de juego que motive y guste a los jugadores. Solemos terminar este tipo de sesiones densas con juegos del estilo de hacer dos equipos para ver quién toca el larguero más veces desde fuera del área, competiciones entre varios jugadores para ver quién en un solo toque desde la frontal del área se acerca más a la línea de gol, o qué equipo marca más goles desde el córner sin que bote el balón... También en este caso hay infinidad de juegos entre los que escoger, pero el objetivo sigue siendo el mismo: tener al grupo unido, cohesionado, ayudándose y animándose mutuamente.*

ÓSCAR GARCÍA

# 5

# Más zanahoria y menos palo

El propósito de la educación es lograr que los niños quieran hacer lo que deben hacer.

HOWARD GARDNER

Delante del banquillo hay un área limitada con líneas de color blanco. Un área en la que se permite al entrenador levantarse y relacionarse con sus jugadores para poder darles instrucciones durante un partido. Instrucciones que deberían suponer un cambio de estrategia, estar pendiente de algún fallo que no se observa desde dentro del campo pero sí desde la banda o reforzar cuando se elabora una buena jugada.

«El míster miraba atónito el partido. Nada de lo planeado durante la semana se estaba llevando a cabo. Se levantaba furioso del banquillo, levantaba los brazos clamando al cielo, blasfemaba, gritaba y se le hinchaba la vena del cuello de la rabia. Gritaba a sus jugadores, les daba órdenes furioso, se giraba hacia el banquillo y sonreía irónicamente, pasaba a ponerse los brazos en jarra, para terminar pateando un botellín de agua con el que los jugadores acababan de hidratarse. En su interior no paraba de repetirse: "No me lo puedo creer, joder, no se enteran de nada, nos están pasando por encima, parecemos una banda". Para acto seguido volver a enrabietarse y

83

jurar en hebreo mientras seguía dando directrices a los jugadores en el campo que ninguno entendía.» Este comportamiento, descontrolado y desinhibido, que sobre este papel parece sacado de un cómic, no tiene ninguna gracia para ninguno de los protagonistas de este espectáculo.

Los entrenadores son motivo de burla por parte de la prensa, jugadores y afición cuando pierden los papeles. Perder las formas te lleva también a perder la credibilidad, y en ningún caso justifica el motivo por el que las pierdes. Muchos entrenadores achacan sus malas formas y su nerviosismo al exceso de responsabilidad en un partido, a que en el fútbol hay mucha presión o que a los jugadores, si no les gritas, no se enteran. Ninguna excusa es válida. El motivo de perder las formas es tu falta de control, tu necesidad de expresar lo que en ese momento sientes de la forma que sea, porque así te relajas. Pero te relajas tú, no se relaja ni el cuerpo técnico que te acompaña en el banquillo ni los jugadores a los que tratas erróneamente de transmitirles un mensaje.

Pero ¿te imaginas este tipo de comportamientos en otros contextos en los que también se trabaja con presión y mucha responsabilidad? «Un neurocirujano voleando bisturís y aparatos de quirófano cuando no consigue dar con el tumor cerebral a la primera; o un guardia civil de tráfico pateando el coche de quien acaba de parar porque no desea pasar la prueba de alcoholemia; una profesora en clase de primaria tirando por lo alto las ceras, lápices de colores o ábacos cuando los niños no entienden el problema de matemáticas...» Parece ridículo, ¿verdad? La única diferencia es que en el fútbol y en otros deportes de alto rendimiento hemos terminado por aceptarlo. Pero, como comportamiento y método de aprendizaje, está realmente mal.

La intención de los entrenadores cuando se comportan así es que los jugadores tomen conciencia de que se están equivocando, que están cometiendo errores que les están costando el partido, y que tienen que jugar de otra manera. Pero lo que el entrenador termina consiguiendo es generar angustia, frustración y mucho nerviosismo en los once titulares y en el resto de la expedición.

# Por qué aprendemos y tipos de aprendizaje

Si queremos que nuestros alumnos, hijos, trabajadores y jugadores aprendan, tendremos que conocer dos aspectos básicos relacionados con el aprendizaje: por qué aprendemos y cómo aprendemos.

Estas son algunas respuestas a la pregunta: ¿por qué aprendemos?:

- Por la propia motivación de aprender. Cuando el contenido o el método te atrae, atiendes.
- Porque queremos ser más exitosos y queremos superarnos.
- Porque nos permite crecer y alcanzar nuestras metas.
- Porque forma parte del ciclo de la vida.
- Porque te lo exigen para seguir formando parte de un proyecto en el que te interesan otros objetivos.

En cuanto a los tipos de aprendizaje, puede decirse que no hay ninguno que sea mejor que otro, ni son excluyentes entre sí. Tendrás que elegir como formador y entrenador el aprendizaje idóneo para aquello que desees enseñar. Al igual que tendrás que adaptar tu estilo de liderazgo a la persona a la que diriges y las circunstancias, también tendrás que adaptar tu metodología para formar.

Los tipos de aprendizaje de los que tienes que estar pendiente como líder y formador son:

- **Por descubrimiento:** el jugador por sí mismo y de forma participativa descubre los conceptos. Imagina a los niños empezando a jugar a fútbol, sin darles instrucciones, les dejas que vayan tocando el balón, que tiren con la punta del pie o con el interior. Ellos solos van descubriendo, a base de toques, que tienen mayor control en el tiro cuando chutan con el interior.
- **Receptivo:** basado en la comprensión de los contenidos. El mismo aprendizaje anterior, pero en lugar de permitir que el niño experimente por sí mismo, se le facilita a través de una enseñanza más teórica. La explicación es bien sencilla: hay más superficie del pie en contacto con el balón cuando chutas con el interior que cuando chutas con la puntera.

- **Por repetición:** es el aprendizaje en el que más interviene la memoria. El jugador aprende a base de repetir y repetir los contenidos, pudiendo entenderlos o no. Tú le dices que tiene que tirar con el interior del pie, sin explicarle por qué, y él repite un tiro tras otro con el interior del pie. Es el mismo aprendizaje con el que los niños en la escuela se aprenden las características de algo, los ríos, las capitales del mundo, incluso las leyes físicas y de las matemáticas. Para aprender las capitales del mundo, el aprendizaje por repetición es un aprendizaje que tiene sentido, igual no hay otro tipo más idóneo. Pero es un aprendizaje equivocado para estudiar algo que necesita comprensión y relacionarse con el concepto, como son las matemáticas.

- **Significativo:** se da cuando el jugador relaciona lo que ya sabe con nueva información. Cada vez que aprendemos algo nuevo lo fusionamos con los aprendizajes anteriores, no son hechos aislados, sino que los interconectamos.

- **Por observación:** el aprendizaje de Bandura. Se da cuando el niño observa e imita a un jugador más experimentado o con habilidades distintas, y ejecuta lo observado con mayor o menor acierto. Se aprende de lo que vemos. En el mundo del deporte es un aprendizaje muy motivacional. Queremos parecernos a los grandes, copiar su saque, las jugadas a balón parado, nos fijamos en qué hacen y cómo lo hacen, y, llegado el momento, tratamos de repetirlo. Las neuronas espejo tienen parte de responsabilidad. Nos permiten copiar e imitar ejecuciones que observamos.

## Leyes del aprendizaje

Se aprende o desaprende básicamente porque, después de un estímulo, sigue una respuesta, o la ausencia de la misma. Los castigos, tanto el positivo como el negativo, buscan la desaparición o disminución de una conducta. Y los refuerzos, el positivo y el negativo, buscan la aparición o el aumento de una conducta.

Para eliminar un comportamiento, cuentas con dos tipos de castigo:

**Castigo positivo:** cada vez que la persona realiza una conducta no deseada, recibe una respuesta desagradable. El jugador profesional que llega tarde al entrenamiento es castigado con una multa económica. La persona aprende que cada vez que realiza lo que no debe, le sigue una consecuencia no deseada.

Puedes utilizar el castigo positivo cuando se transgrede el código de conducta o los valores con los que se trabaja en el vestuario. El castigo positivo tendrá que tener relación con la edad y profesionalidad del jugador. No se puede castigar con una multa económica a un chaval de 15 años, pero sí se le puede pedir que recoja él todos los balones y los conos que se han utilizado durante el entrenamiento.

Para que el castigo positivo sea efectivo, no lo puedes aplicar de forma intermitente, es decir, un día castigo si llegas tarde y otro día lo dejo pasar. El aprendizaje se genera cuando hay una relación directa entre estímulo y respuesta y si siempre es así. La persona tiene que saber que siempre que le falte el respeto a un compañero, será aislado del entrenamiento por un tiempo determinado.

Hay situaciones en las que nunca deberías aplicar el castigo positivo, por ejemplo, con los errores deportivos, no con los de conducta. Los errores deportivos son fruto de la falta de concentración, de la falta de experiencia con una jugada, de estar siendo valiente y tirando a puerta en condiciones en las que equivocarse tenía una probabilidad alta. En definitiva, no apliques el castigo positivo en situaciones en las que la persona deduzca que hacer cosas de forma diferente, ser valiente, atrevido, pensar con autonomía o tomar decisiones puedan costarle el puesto o la titularidad... salvo que quieras educar a un equipo de borregos para que hagan siempre lo que tú dices y como tú lo dices. En este caso jamás tendrás un equipo con la autonomía suficiente como para poder autodirigirse y tomar decisiones cuando tú no estés presente. Dependerá de ti para todo y esa dependencia resta eficacia.

**Castigo negativo:** consiste en retirar algo que era agradable en el momento en el que el jugador, alumno o trabajador comienza a mostrar una conducta no deseada por ti. Por ejemplo, si estás realizando un entrenamiento diferente, divertido, basado en el juego, por salir un poco de la rutina en la semana, y los jugadores se lo toman a broma y dejan de esforzarse; el hecho de modificar el entrenamiento y volver a lo de siempre sería un castigo negativo. Dejan de tener la actividad divertida y vuelven a centrarse en lo común.

Para que este castigo sea efectivo, tiene que ser inmediato a la conducta. Así el jugador asociará que, si no me esfuerzo, pierdo la oportunidad de tener un juego divertido. Si aplicas el castigo en el entrenamiento del día siguiente, todos se habrán olvidado del motivo y no tendrá sentido.

Explica siempre por qué has retirado el estímulo. Muchos entrenadores se enfadan y hacen comentarios como: «Hala, se acabó, para estar de cachondeíto, lo dejamos». Explica qué necesitas de ellos y el grado de implicación antes de la tarea, y lo que no te gustaría que ocurriera. Muchas veces se castiga cuando el jugador no tenía claras las reglas de la nueva actividad. Cuanto más explícito seas con lo que esperas de ellos, menos probabilidad habrá de que te decepcionen.

Otras veces tu rasero es más estricto que el de ellos, y si no explicas por qué dejas de hacer algo o de darles según qué beneficios, puede que no lo entiendan. Cada uno juzga según lo que entiende que está bien o mal, pero basado en su experiencia y escala de valores. Para ti puede estar mal que se estén riendo, y para ellos puede ser genial poder divertirse y reír mientras entrenan.

No utilices nunca el castigo negativo con algo que hayas prometido, porque perderás credibilidad. Si prometiste dar libre la tarde de tal día por haber alcanzado un objetivo determinado, la tienes que dar, independientemente de que hayan cometido una falta. Tendrás que retirar otro privilegio, pero no el prometido y que, además, se han ganado.

Para favorecer la aparición y repetición de un comportamiento, cuentas con dos tipos de refuerzo:

**Refuerzo positivo:** cada vez que la persona se comporta de la manera deseada, se le da un premio. El jugador, alumno o trabajador interpreta rápidamente que comportarse o actuar así lleva asociada una recompensa. El tipo de recompensa y la inmediatez de la misma varían en función de la edad. En un principio, se aconseja reducir los premios materiales, como los regalos, y reforzar con recompensas sociales —«Eres un chaval muy rápido, me siento orgulloso de tenerte en mi equipo»— o de actividad —«Me siento tan contento con el entrenamiento de hoy, que los últimos diez minutos los vamos a dedicar a este juego que sé que os gusta tanto».

Para que el refuerzo sea efectivo, la persona tiene que saber a qué se asocia. Si premias sin decir el motivo por el que lo haces, no habrá una relación directa entre «entrenar con intensidad» y «ratito de ocio para acabar el entrenamiento».

Cuanto más pequeño es el niño o jugador, más inmediata tendrá que ser la consecuencia positiva. Si los chicos han entrenado bien el viernes y los premias el lunes siguiente, se les habrá olvidado y el refuerzo positivo habrá perdido valor.

Recuerda esto: todo lo que se refuerza, se repite. Las personas conforman su autoestima y la imagen que tienen de sí mismas en función de las valoraciones que reciben del entorno. El hecho de saber que está haciendo las cosas bien indica al chaval que va por el buen camino y que es así como deseas que siga actuando. Cuando te elogian y premian, te sientes bien y aumenta tu confianza y seguridad, te sientes bien tratado y con ganas de seguir agradando.

Para que una conducta desaparezca, nada mejor que ignorarla. Algunos entrenadores y jefes piensan que lo que está bien hecho es una obligación y que no se debería de valorar «es que es así como lo tiene que hacer, es lo único que le pido». Es cierto, tenemos obligaciones, pero si de vez en cuando recibimos una palmadita en la espalda, mejor que mejor. Si solo te dedicas a castigar lo que está mal y dejas de valorar lo que se hace bien, el chaval aprenderá a obtener tu atención a través de sus fallos y llamadas de atención.

Tú también te sientes bien cuando recibes una crítica positiva y cuando la gente te felicita. Te sientes grande y poderoso. Pues de la misma manera se sienten las personas a las que diriges cuando aprecias su trabajo y aportaciones.

**Refuerzo negativo:** es la retirada de un estímulo desagradable cuando la persona hace lo que le has pedido. Imagina que cada día para finalizar el entrenamiento realizas una serie de tareas (técnicas, tácticas o físicas) que los jugadores valoran como aburridas o durillas. Y que después de un gran entrenamiento, en el que los chicos han estado brillantes, decides que hoy no hagan los ejercicios: «Chicos, habéis estado brillantes, estoy supercontento con el entrenamiento de hoy. Os libero de esta tarea... pero solo hoy)».

Si deseas que castigos y refuerzos sean efectivos, recuerda estos puntos:

• Siempre que un comportamiento se pueda modificar a través del refuerzo en lugar del castigo, mejor. Más zanahoria y menos palo.

• No pongas un castigo a muy largo plazo o durante mucho tiempo. Genera desmotivación y la sensación de que no vale la pena esforzarse, total, ¡ya estoy castigado!

• No levantes nunca un castigo. Si lo haces, perderás credibilidad y no te tomarán en serio.

• Piensa y reflexiona sobre el castigo. Cuando los jugadores o los alumnos en el colegio te sacan de quicio, la rabia y la frustración pueden llevarte a hacer comentarios fuera de lugar y a castigar con mucha dureza. Es preferible decir algo como: «Necesito tiempo para pensar, vuestro comportamiento requiere una consecuencia»; a castigar fruto de la ira y que luego valores que has sido excesivamente duro y decidas levantarlo.

• Los refuerzos tienen que ser atractivos para los chicos, no para ti. Si premias con alguna actividad, trata de que les guste a ellos y se diviertan.

• Cuando refuerces con algún elogio, no añadas una coletilla que le reste valor al comentario positivo. Por ejemplo, en: «Genial tu implicación de hoy, ojalá todos los días lo hicieras igual», el «ojalá todos los días lo hicieras igual», sobra.

# Un buen clima para facilitar el aprendizaje

La motivación de tus jugadores, alumnos o trabajadores puede verse incrementada por una serie de circunstancias que facilitan el aprendizaje. Un entrenador es un profesor, y un profesor es alguien que te entrena en una habilidad: trata de formar en fútbol, en valores, en técnicas de ventas o en matemáticas. Lo que tú buscas es que los jugadores entiendan y pongan en práctica tus conocimientos.

Como entrenador puedes:

**1.** Despertar el interés del jugador. Presentarle el juego como algo apasionante, y cada uno de los ejercicios, como las pistas que nos llevan a resolver algún misterio. Cuenta historias personales, transmite tu pasión por el juego, trata de que se enamoren. Hay profesores de matemáticas que consiguen que sus alumnos las adoren. Tu creatividad es importante. No les transmitas solo el qué, sino también el cómo. El cómo es la clave.

**2.** Buscar ejercicios en entrenamientos que despierten el aprendizaje significativo. El jugador tiene que saber por qué hace esa actividad, qué finalidad tiene y dónde le lleva. Necesita saber el motivo. No es «porque lo digo yo o porque es así y punto». Cada vez que en mis charlas les explico la variable psicológica con la que vamos a trabajar en la sesión, les digo a mis jugadores en qué medida su rendimiento o su cerebro se verá beneficiado si la entrenan.

**3.** Variar los entrenamientos, los ejercicios, las pruebas y la metodología. Todo avanza. Necesitas ponerte al día y seguir formándote. Es aburrido hacer siempre lo mismo. Te lleva a la monotonía y a perder la concentración y el interés. Aunque seas un entrenador consagrado, de los que han ganado títulos, conocer nuevos métodos de trabajo es un gesto de inteligencia y humildad. Lee, mira cómo trabajan otros, asiste a foros, congresos y talleres. Cada vez que en uno de mis talleres me he encontrado con un entrenador reconocido, me ha dado, además de mucha alegría, la sensación de que los intereses están cambiando. Para mí esos entrenadores ganan en credibilidad.

**4.** No perder de vista el lado divertido. Todo lo que se aprende jugando, se entiende, retiene y reproduce mejor. Jugar genera un ambiente relajado que favorece la concentración y el aprendizaje.

**5.** Evitar la crítica negativa. Nadie quiere participar en algo por lo que luego pueda ser criticado. Los niños se sienten ridículos cuando hacen cosas en las que se sienten poco hábiles, y si, además, son criticados por ello, aumentas su inseguridad y baja autoestima.

**6.** Valorar cada progreso, por pequeño que sea. Para alcanzar una gran meta hace falta primero dar pequeños pasos. No todos los jugadores tienen el mismo talento ni la misma inteligencia. Valora lo que suponga un esfuerzo individual en lugar de valorar solo el resultado.

**7.** Plantear actividades con un nivel de dificultad media, que mantengan la motivación del jugador, pero que le permitan tener éxito cuando las entrena. Los ejercicios muy complicados pueden generar frustración y baja motivación, y que el alumno quiera dejar de intentar algo para evitar el fracaso.

**8.** Hacerles partícipes de su aprendizaje: hablar con ellos, pedirles *feedback*, que intervengan en el diseño de alguna sesión, que se responsabilicen de sus propios ejercicios, que hagan propuestas o que te ayuden a preparar alguna sesión.

## Cómo corregir errores de forma adecuada

Ser socialmente habilidoso incluye, entre otras conductas, la capacidad de expresar crítica de tal forma que no hieras ni humilles a la persona que has convertido en diana de tu comentario. Cuando corriges o expresas tu disconformidad o enfado, no necesitas hacer sentir mal al otro, solamente trasladarle lo que te ha herido o tu deseo de cambio por su parte. Muchas son las personas que cuando se enfadan asocian enfado con desinhibición verbal: gritar, humillar, ofender y conseguir que el otro se sienta miserable y un despojo humano. Piensan que así serán capaces de reflexionar sobre su error y aprender. Falso. La agresividad humilla y genera un aprendizaje basado en el miedo y la debilidad. La persona se siente inútil, torpe y poco habilidosa y la idea de poder volver a ser abroncado le impide trabajar o jugar con la libertad de quien puede equivocarse.

Recuerda algo importante: se convence más con un buen argumento que con un grito. Y para que haya cambio, tiene que haber deseo y convencimiento. La intención no puede ser la de «atacar verbalmente» sino la de «empatizar verbalmente» para conseguir lo que deseas. Ser socialmente habilidoso no te asegura el éxito inmediato, pero sí el respeto por parte de los demás, minimiza el conflicto y las emociones negativas de quien se relaciona contigo. Veamos unas reglas sencillas para expresar crítica constructiva o el deseo de que el otro cambie:

**1.** Decide si lo que vas a criticar es importante. ¿Merece la pena? Hay tantas cosas que corregir en un grupo, que no todo puede ser objeto de cambio. Estar continuamente machacando a la gente genera frustración y baja autoestima. Si es algo nimio, algo con baja probabilidad de repetirse, piénsatelo dos veces. No tengas la costumbre de criticarlo todo. Recuerda, se aprende más con lo que valoras, que con lo que criticas.

**2.** No seas repetitivo. Con que se lo digas una vez, basta. Tu jugador o trabajador no es sordo, no seas recalcitrante. No insistas, repitas y vuelvas a insistir. Si no te obedecen, puede deberse a varias razones, pero seguro que la de no haberte oído no es una de ellas. Puede ser que el trabajador no te haya entendido, que no se vea capaz de hacer lo que le pides, que no comparta contigo la crítica o que carezca de motivación. Pregunta a la persona si ha entendido el cambio que le pides y que si le puedes ayudar a transformarlo. Sé breve, claro y conciso.

**3.** Importa a veces más el cómo que el qué. Cuida las formas. Para que te obedezcan, no necesitas expresarte con ira. Hablar más alto no te da la razón. Utiliza un tono de voz conversacional, no intimides con tu mirada, incluso muestra un gesto cordial. Puedes estar serio pero no irascible. Piensa que persigues un cambio de la otra persona, no que se sienta mal.

**4.** No hagas juicios de valor y no saques conclusiones sobre el jugador. Las personas tendemos a juzgar las actuaciones de los otros en función de nuestra perspectiva. De todo hacemos un juicio de valor, un juicio que impide valorar la situación con objetividad. Expresa tu crítica de forma tranquila y objetiva, basándote en lo que has visto y no en la interpretación de lo que has visto. Puedes empezar a formularla con un comentario del tipo: «He visto que no llegas al balón con la misma rapidez que la semana pasada, no sé si estás cansado o es por alguna otra causa, me encantaría que trabajaras como tú sabes y que me digas si yo puedo ayudarte en algo que necesites». Como ves, en ningún momento hay un comentario del estilo: «¿Qué te pasa, no tienes ganas de trabajar? Mucho salir de noche, ¿no?». No humilles y tampoco saques conclusiones. Simplemente, verbaliza lo que no deseas que la otra persona haga.

**5.** Dile lo que esperas de él, no le transmitas solo la crítica. No se trata únicamente de corregir, sino de ofrecer soluciones. «Si necesitas un descanso, dímelo. Si todo va bien, necesito que trabajes a tu mejor nivel, sé que estás preparado para ello.»

**6.** Refuerza y valora el cambio del jugador. Como dijimos, los refuerzos generan aprendizaje. Un cambio es un aprendizaje. Estás buscando que haga algo o que deje de hacer algo que en este momento está pasando. Si la persona se esfuerza, a pesar de que esas sean su responsabilidad y deber, el hecho de que tú estés encima y se lo valores, le hará sentir bien. Si no recibe una recompensa, la persona puede concluir que el cambio no es importante para ti.

**7.** Hablar requiere su momento. Para que el jugador te escuche y esté receptivo, necesita estar presente, mentalmente hablando, en la conversación. Si ves que tiene prisa, que está enfadado con él mismo o que no está receptivo, igual puedes plantearte quedar con él para otro momento.

**8.** Para, si ves que la conversación sube de tono o si la persona se está enfadando. Igual no es el momento idóneo. Pregúntale cuándo puedes hablar con él de forma tranquila.

**9.** Sé comprensivo y empático. A nadie le hace gracia ser criticado. Las personas con confianza y seguridad encajan las críticas mejor que las que no lo son, pero para nadie es un plato de buen gusto. El cálido aprecio hacia el otro hará que los dos os sintáis mejor en un momento delicado como el de pedir un cambio.

**10.** Permite que tu interlocutor se exprese y te argumente en el caso de que lo desee. La comunicación, incluso en la crítica, es un proceso bidireccional.

Una técnica muy sencilla para expresar tu enfado o tu crítica es la técnica del sándwich. Se trata de introducir la crítica o el cambio de conducta entre dos rebanadas de pan. Ambos panes actúan como comentarios positivos, y la crítica ocupa el lugar del jamón, en medio. El hecho de rodear la crítica de comentarios positivos favorece la receptividad por parte del que te escucha, pone fin a la charla de forma positiva y la persona no se siente mal.

Fíjate en el ejemplo:

REBANADA DE PAN: Me gusta lo bien que te has integrado en el grupo, tu carácter alegre es apreciado por todos.

JAMÓN: Lo que me encantaría es que te implicaras más a la hora de recoger el material cuando terminamos de entrenar. Es importante el esfuerzo de todos para terminar cuanto antes.

REBANADA DE PAN: Así todos podremos disfrutar antes del descanso y seguir riéndonos con tus comentarios. Tienes mucho arte.

La frase de Howard Gardner con la que comenzábamos este capítulo, resume el objetivo del aprendizaje. Ojalá no hubiera que obligar ni castigar, y que la motivación y la pedagogía del entrenador consiguieran motivar a trabajadores, jugadores y alumnos.

---

### Habla el míster

*Una de las grandes claves para seguir teniendo buenos futbolistas profesionales es la de que a temprana edad se les enseñe a pensar mientras juegan y entrenan.*

*Muchas veces estamos «fabricando» robots y la mayor parte de la «culpa» es nuestra, de los formadores.*

*Hay que enseñar a los niños a pensar, pero acostumbramos a hacer lo contrario, si enseñas a los niños a pensar y a solu-*

cionar «problemas» que puedan ir surgiendo durante los entrenamientos y partidos, estás formando personas/jugadores autónomos para su futuro profesional. Si se lo solucionas todo antes de que les aparezcan esos problemas, solo tendrás «robots».

Hace muchos años los «jugadores» se criaban en la calle, y ahora la gran mayoría puede acudir a escuelas, clubes, centros de perfeccionamiento, campus... Las dos opciones tienen su lado bueno y el menos bueno. El bueno de formarte en la calle es que los niños tienen que pensar, y ejecutar lo que están pensando, libremente, sin miedo al entrenador o formador. Así salían niños/jugadores independientes y atrevidos. No pasaba nada si intentaban un uno contra uno y no tenían éxito, lo volvían a intentar sin miedo y así mejoraban mucho este aspecto del juego que se ha ido perdiendo. Hay cada vez menos jugadores buenos en el uno contra uno, y una de las razones podríamos encontrarla ahí: antes los jugadores no tenían miedo a intentar el uno contra uno. El lado menos bueno es que sin formador podían llegar a tener problemas de disciplina, de trabajo en equipo, de seguir unas reglas...

Esta parte es una de las positivas en la temprana vida del niño/jugador que acude a clubes, escuelas... La menos buena es que demasiadas veces los formadores piensan más en ellos que en la evolución o mejora de los niños. No les dejan expresarse como ellos quisieran sino que tienen que ceñirse a lo que el entrenador les ordena, sin dejar sitio para la creatividad del niño. No se les permite fallar, que es una de las mejores maneras de aprender. Si se limitan a no fallar, ¿alguno de ellos intentará un uno contra uno? Si no tienen éxito en este uno contra uno, ¿lo seguirán intentando si el formador se enfada por haber perdido el balón?

Estos niños cada vez se vuelven menos autónomos y más dependientes con miedo al error cuando están en edad de equivocarse para seguir mejorando. Muchos entrenadores —por suerte, en España muchos menos que en otros países— están obsesionados con el resultado del partido más que con la formación y mejora de sus niños/jugadores. Gran equivocación. Es lícito que todos quieran/queramos ganar, pero en etapa de formación del niño es mucho más importante la mejora y progresión del mismo que no la del entrenador. Si la principal razón es porque el entrenador quiere progresar en su profesión, cosa muy lógica y que yo mismo experimenté, es cuando tiene que dejar el fútbol formativo de niños. Si por otro lado es porque su «jefe» le exige resultados, entonces el problema está en esa persona.

Me gustaría poner un ejemplo que viví en primera persona cuando era niño/jugador en formación. Tuve a un entrenador que nos paraba mucho los entrenamientos para corregirnos, que nos hacía pensar, que nos explicaba el porqué de los ejercicios y de las cosas que pasaban... sinceramente en esa época pensábamos: «¡Pero qué entrenador más pesado!». Y, para más inri, acabamos la Liga segundos, cuando la mayoría de los años habíamos terminado primeros. Con el paso de los años, y hablando con antiguos compañeros, todos lo recordamos como el entrenador con el que más aprendimos en un año. De todos recuerdo y aprendí muchas cosas, pero de este entrenador lo recuerdo como alguien diferente que nos hizo evolucionar.

Todo en la vida es aprendizaje. Con esto quiero decir que, hasta que acaban su carrera, los futbolistas pueden seguir aprendiendo. Los tipos de aprendizaje están perfectamente explicados en este capítulo, todos son buenos y muchos se pueden aplicar entre sí, es cuestión de saber en qué momento los tienes que aplicar.

Voy a explicar algún método que me ha funcionado como refuerzo o castigo positivo. No me gusta utilizar la palabra «castigo» pero sí que a veces no tienes más remedio que utilizarlo para el buen funcionamiento del grupo. Hay algunos imprescindibles, como los de cumplir las normas y reglas, los horarios y otros que tienen que ver con el respeto hacia los compañeros, el staff, rivales, aficionados... Este tipo de castigo es muy útil y beneficioso para todos, y tienes que ser inflexible en el cumplimiento de ellos.

Siempre hay algún entrenamiento en el que algún jugador, por el motivo que sea, baja un poco la intensidad; por ejemplo, en partidos reducidos de 5c5 sin marcas asignadas. Si después de hablar con él comprobamos que no tiene ningún problema físico ni mental, es cuando se puede aplicar la variante del doble esfuerzo. En este tipo de «castigo» individual, es muy importante que los otros compañeros no se vean perjudicados por un solo miembro del equipo. Lo que acostumbramos a hacer es cambiar a marcaje individual con marcas asignadas; me explico: cada jugador de un equipo se encarga de marcar individualmente a otro del equipo contrario, siempre al mismo jugador. Con esto conseguimos que este jugador se implique mucho más en el ejercicio para no perjudicar a su equipo, con este tipo de ejercicio no tiene ninguna excusa por la que no pueda ayudar a su equipo, todos saben a quién tienen que marcar y deben asumir esa responsabilidad delante de unos compañeros que le van a exigir lo mismo que están haciendo ellos. Le van a alentar a dar lo mejor de sí para buscar el máximo rendimiento del grupo. Siempre intentamos hacer ejercicios en los que exista la motivación extra del balón por delante de «castigos» solo físicos sin balón. La respuesta del jugador siempre es más positiva.

Para promover un buen clima que facilite el aprendizaje tenemos una gran variedad de ejercicios centrados en las distintas cosas que queremos trabajar, reforzar o mejorar. Si siempre entrenas igual o haces siempre lo mismo, el nivel de atención decae y la monotonía es negativa para el aprendizaje del individuo y del grupo. Antes de la sesión se explican los ejercicios y sobre todo el porqué de ellos. Volviendo al inicio, los jugadores tienen que tener toda la información de cómo y por qué se hacen estos ejercicios, para su comprensión, aprendizaje y aplicación de los mismos. Un jugador acostumbrado a pensar y a solucionar problemas o situaciones es de gran ayuda para sus compañeros y para el entrenador. Cuantos más jugadores de esta clase tengas en tu equipo, mucho mejor y más rápido será el aprendizaje y asimilación de las tareas, y sus posibles soluciones.

*Finalmente para corregir errores hay que ser muy cauto y conocer perfectamente a cada jugador, porque en lugar de ayudarle a mejorar puede tener el efecto contrario en caso de que tu sistema para corregirle no sea el adecuado para cada individuo. Por ejemplo, cuando el error es posicional, si la corrección es audiovisual, hablo de la posición del jugador en el sistema táctico, nunca doy el nombre del jugador, es decir: «... la basculación del lateral izquierdo en esta situación fue excesiva pero después corrigió bien». Un método muy efectivo tanto en correcciones individuales como colectivas es el del sándwich, empezando siempre por algo positivo, siguiendo con lo que quieres que mejore y acabando con un refuerzo positivo.*

ÓSCAR GARCÍA

# 6

## La clave es la confianza: si no crees en tu equipo, nadie lo hará por ti

> Hay que tener confianza en uno mismo, ahí reside el secreto. Aun cuando estaba en el orfanato y recorría las calles buscando qué comer para vivir, incluso entonces me consideraba el actor más grande del mundo. Sin la absoluta confianza en sí mismo, uno está destinado al fracaso.
>
> CHARLES CHAPLIN

Cuando empecé a trabajar como psicóloga de equipos de fútbol, me llamaba mucho la atención el cambio de jugadores que se producía en cada temporada. Salían ocho y entraban otros tantos. Dentro de mis planteamientos, en los que no entraba la justificación económica, no entendía que un equipo que había funcionado tan genial con unos jugadores concretos, tuviera que venderlos o sustituirlos. Siempre me han inculcado que aquello que funciona es mejor no tocarlo. Pero desconocía que en el fútbol, además de los intereses deportivos, existen muchos otros intereses, entre ellos la sostenibilidad económica de un club, la finalidad de los contratos, los intereses de los propios jugadores por fichar en otro lugar, los de los representantes, etc. Esto en las empresas no ocurre. Las empresas inteligentes retienen el talento.

A mí me daba seguridad el equipo que teníamos, la cohesión, el buen rollo, lo acertados que habíamos estado y cómo el esfuerzo de todos había logrado llevarnos al objetivo. El primer año me disgusté, no lo entendí. Jamás hubiera prescindido yo, como directora de recursos humanos en una empresa, de mis trabajadores estrella, de aquellos que se habían dejado la piel para conseguir la meta.

*Anyway*, como dicen los ingleses. Con mi indignación hablé con Gregorio Manzano y le dije que no entendía nada, que era una pena, y él me dijo: «Patricia, con los jugadores que tengamos, mejores o peores, haremos lo mejor. Nuestro equipo no es el del año pasado, nuestro equipo es el que tengamos en cada momento, y ese, es el mejor». Ese día lo entendí todo. Primero, si crees que los tuyos son los mejores, serán mejores de lo que son. Y si aceptas que esto es lo que hay y que estas son las reglas del juego, podrás dar pasos al frente en lugar de rumiar sobre lo que podría haber sido y no fue. A partir de ahí solo queda confiar en los tuyos y ayudarles a que ellos tengan confianza y seguridad.

Como se dijo en el capítulo 2, un líder Pigmalión es capaz de sacar lo mejor de los suyos, pero, ¿y si les inculcamos que deben buscar la seguridad en su interior, que deben saber potenciarse solos y tener confianza en ellos mismos?

Michael Jordan decía que cuando salía a jugar se creía el mejor jugador de la cancha hasta que otro jugador le demostrara lo contrario. Esto es un signo de confianza. Tener confianza significa creer en uno mismo y en sus posibilidades, habilidades, actitud y experiencia.

El primero que tiene que tener confianza es el que dirige. Nadie quiere seguir a quien parece inseguro y duda de sus planteamientos. ¿De dónde viene la confianza, por qué se genera o se carece de ella? Un jugador, alumno o trabajador con confianza es aquel que se cree capaz de alcanzar sus objetivos, no porque vaya a tener buena suerte, sino porque valora que el esfuerzo que va a invertir, su talento y sus recursos son suficientes para alcanzar la meta. La confianza convierte el sueño en resultado. Te lleva a pasar al modo acción. Fantasear con el objetivo es el primer paso, pero para materializarlo necesitas creer en ti y en tu equipo.

Muchos entrenadores dan mensajes a sus jugadores del tipo: «Juega con confianza, la confianza es la clave de todo». Pero ¿les han enseñado el cómo? La clave está en cómo entrenarla y tenerla de nuestra parte.

Estas son las situaciones que más pueden debilitar la confianza y sus posibles soluciones:

- **Los cambios:** de entrenador, de club, de posición, de proyecto o pasar de primaria a la ESO.

*Solución:* en la medida en que el cambio dependa de tu intervención, explica el motivo del mismo y arguméntalo. Los jugadores serán capaces de hacerlo y se sentirán seguros si le encuentran sentido a tu propuesta en lugar de percibirla como una imposición. El «porque sí» o «porque lo digo yo», además de estar pasado de moda, no convence ni da seguridad.

- **Pérdida de la rutina:** cualquier rutina da seguridad, desde la que tienen los niños a través de los horarios, el baño, la cena e ir a la cama, hasta la de un deportista que entra al campo pisando con el pie derecho.

*Solución:* mantén una rutina y un orden en las actividades y hábitos que dependen de ti. Cuando las personas tienen orden, también consiguen estabilidad.

- **La gestión del fracaso y el error:** las personas que rumian los errores cometidos y se autoflagelan, que tratan de ser perfectas y no se permiten fallar, se sienten miserables cuando se equivocan. Su error no encaja con la expectativa previa y eso les debilita. Errores cometemos todos, pero algunos obtienen aprendizajes útiles y otros se centran solo en sentirse fracasados.

*Solución:* enseña a tus jugadores que son más importantes la actitud e intentar hacer algo, que el propio resultado. Y que aprendan a formular los objetivos en función del rendimiento y de lo que depende de ellos.

- **Los problemas al margen del deporte o la empresa:** una separación, la enfermedad de un hijo, las dificultades económicas, los problemas legales, etc., provocan que tu atención no esté en tu rendimiento, sino en el problema.

*Solución:* mantener una comunicación con ellos es vital. Pregunta e interésate por cómo están, cómo se sienten, permanece abierto para que puedan confiar en ti y contarte problemas que están afectándoles.

- **Un período prolongado de inactividad.** Puede venir provocado por una lesión en el mundo del deporte, o en el mundo laboral por estar en desempleo durante un largo tiempo.

*Solución:* los jugadores lesionados muchas veces se sienten solos, dudan de si estarán a punto a la hora de incorporarse al grupo, y muchos entrenadores olvidan que deben hablarles y estar por ellos como lo hacen con un jugador que está al cien por cien. No olvides que el jugador lesionado también es un jugador de tu equipo, y el hecho de que esté al margen implica que necesita una atención mayor por tu parte. Interésate en su recuperación, pregúntale de forma sincera cómo va mejorando. No tengas con él una conversación manipuladora en la que se detecte que tu interés se centra más en que se incorpore y ayude que en su propia evolución.

- **Problemas en el equipo:** motivados por la institución, por las diferencias entre los compañeros o incluso contigo.

*Solución:* aísla a tus jugadores de cualquier problema que ellos no puedan resolver, y fomenta una buena cohesión y comunicación desde la pretemporada. No huyas de los conflictos, afróntalos, tanto si te atañen a ti como si surgen entre ellos. Los chicos deben aprender a gestionar solos sus problemas, pero dependiendo de la edad que tengan los chavales, no está de más un guía que ponga sentido común y evite reproches y rencores.

- **No ser convocado.**

*Solución:* habla con todos los jugadores. Muchos entrenadores no se atreven a dirigirse a los jugadores con los que menos cuentan, porque anticipan un rechazo por parte de ellos. Incluso siendo así, es una conducta valiente por tu parte dar la cara y hablar con el jugador, tanto para decirle por qué no está siendo convocando, como para decirle qué más necesitas de él.

- **La imagen que el jugador tiene de sí mismo:** ¿cuánto confía en sus habilidades, talento y destrezas?

*Solución:* puedes ayudarle a que esté pendiente de sus fortalezas, hacer crítica constructiva, potenciar sus virtudes y ser un Pigmalión. Necesitas confiar en tu equipo y en cada uno de ellos, sobre todo en los momentos de debilidad y de derrotas.

- **No alcanzar los objetivos:** el jugador puede estar esforzándose, entrenando bien, siendo un profesional en todos los aspectos, y, a pesar de ello, no alcanzar los resultados deseados.

*Solución:* definir objetivos es todo un arte, como veremos en otro capítulo. Enséñales que solo a través de su esfuerzo se alcanzan las metas. Tacha de tu vocabulario la palabra «rachas», las buenas y las malas. Define objetivos de forma concreta, permite que al principio sean sencillos de alcanzar para que el jugador se motive y valore cada pequeño esfuerzo.

- **La opinión que recibe del exterior:** la afición, la prensa o los chats en los que se opina en muchas ocasiones de forma despiadada.

*Solución:* el grupo tiene que sentirse protegido, y tienen que saber gestionar sus emociones. Las críticas negativas y presiones que tienen de padres, conocidos y afición, así como de la prensa, pueden debilitar la imagen del jugador y del equipo, y pueden generar dudas. Habla claro y convencido de tu plan de reacción, diles que confías en ellos y transmíteles la seguridad que tienes puesta en el grupo. Tus palabras y argumentos tienen que ser más convincentes que los que reciben del exterior.

El éxito deportivo y laboral de las personas depende en gran parte de la confianza que tengan en ellos mismos. Tener talento y experiencia pero dudar de ti, te acerca al fracaso. La confianza no es un estado emocional en blanco o negro, puede ser gris. No se tiene o se deja de tener. Se puede poseer algo, potenciarla, perderla y recuperarla. Un jugador que se siente confiado, trabaja de manera distinta, con más intensidad, valentía y orientado al éxito porque sabe que los buenos resultados dependen de sus capacidades y se siente optimista y esperanzado. Como líder del grupo, una de tus misiones será sacar lo mejor de cada uno, y para ello necesitas que se sientan confiados. Puedes ayudarles trabajando los siguientes puntos:

**1. Sus fortalezas.** Cada persona tiene sus puntos fuertes y sus puntos débiles. Una persona con poca confianza está más pendiente de sus debilidades que de aquello en lo que es brillante. Hazle saber o ayúdale a fijarse y descubrir en qué es realmente bueno. Puedes sentarte con él y pedirle que te recuerde en qué partidos, temporada y jugadas concretas se sintió orgulloso de su trabajo y por qué. Trata de que relacione el hecho de tener éxito con su propio rendimiento y trabajo.

Si el jugador no encuentra un momento en el que recrearse a nivel deportivo, pídele que te hable de sus logros personales, como la decisión de irse a vivir solo desde jovencito para ser futbolista. Que busque situaciones de las que se sienta orgulloso y saque conclusiones en función del *locus* de control interno. Se trata de que haga atribuciones internas de su éxito:

- «Conseguí vivir solo desde los 15 años porque amo el fútbol y me apasiona.»
- «Mantuve la portería a cero porque no paraba de hablar con la defensa y mantenerme concentrado.»
- «Saqué el proyecto aquel tan difícil adelante porque dormí poco, me aislé de todo lo que me distraía y le dediqué mucho esfuerzo.»
- «No me hundí en la temporada en la que el míster no contó conmigo porque trabajaba duro en cada entrenamiento y no perdí la esperanza de jugar ningún día.»

Como puedes comprobar, cada éxito relatado se asocia a una causa personal, algo que el jugador o el trabajador pueden hacer, dependen de él y volverían a repetir llegado el momento. La confianza nos la da el saber que tenemos habilidades y recursos para superarnos en las duras y en las maduras.

Trata siempre, después de un partido y de algunos entrenamientos especialmente duros, de sentarte con el grupo y hacerles conscientes de que el éxito ha dependido del trabajo de ellos. Haz atribuciones internas, de tal forma que cuando salgáis a jugar la próxima vez, todos confíen en lo que sí funciona y lo puedan repetir.

Tener talento no es suficiente, es solo el primer paso. Para tener éxito necesitas confiar en tu talento, esforzarte y trabajar. El autoconcepto es muy importante porque te define, habla de ti. Si no te valoras lo suficiente, te comportarás de acuerdo a la imagen que proyectas, o sea, de forma mediocre. Si tú no confías en ti, nadie lo hará.

**Dinámica**
Pide a tus jugadores, sentados de tal forma que todos se vean las caras, que analicen en qué medida el éxito del partido ha dependido de ellos. Anota todas las respuestas en una pizarra. Deja que sean ellos los que indaguen en su interior y en el de los compañeros y que busquen por qué son buenos. Y refuerza cada respuesta.

El mismo ejercicio lo puedes hacer a nivel individual: cada jugador, atleta o trabajador reflexiona sobre cómo ha influido individualmente en el éxito.

No realices esta dinámica solo cuando ganas, porque estarás dando mucho valor al resultado. Si crees que has hecho un partido bueno y a pesar de ello has perdido, también puedes hacer este ejercicio.

2. **Áreas de mejora.** Las personas necesitan trabajar en lo que no les gusta de ellas, por la sencilla razón de que quien no se valora y no se ama tiende a la autodestrucción. Piensa lo fácil que es autodestruirte cuando te ves gordo, poco ágil, flácido... estar en esa dinámica te lleva a una vida poco saludable, sedentaria y a seguir consumiendo calorías. ¿Por qué? Porque te ves tan mal que te rechazas y no tienes la motivación suficiente para superarte. Cuando un jugador tiene una temporada mala, muchas veces se esfuerza menos, come mal y se acomoda en el bucle del «total, para qué, este año no es el mío». Es mucho más sencillo sentirte seguro y confiando cuando te dedicas a mejorar lo que no te gusta de ti, en lugar de dejarlo estar como si no tuviera solución. Tener un jefe al lado que te motive y te ayude es importantísimo en los momentos de bajón. Todos necesitamos alguna vez un empujón que provoque el inicio del movimiento.

Las áreas de mejora son aquellos aspectos deportivos, profesionales o personales que, interviniendo en ellos, te permitirán superarte. Son áreas que hay que perfeccionar. Una señal de seguridad es reconocerlas. Las personas inseguras evitan hablar de sus defectos o carencias, les hace sentirse poca cosa. No aceptan que tengan que cambiar, porque esta idea les lleva a sentirse débiles.

Por el contrario, las personas con confianza son las que hablan con menos tabúes sobre sus áreas de mejora. Se sienten satisfechas consigo mismas y estarían encantados de seguir formándose y trabajando para superarse más. No se trata de buscar la perfección. Esta no existe. Pero sí de esforzarte por cambiar aquello que te limita o te impide alcanzar otras cotas de éxito.

Se pueden mejorar aspectos de todo tipo, atendiendo a las leyes del aprendizaje y de la motivación de cada uno. Es importante que transmitas a tu jugador las ventajas y beneficios que supondría que trabajara un aspecto determinado.

Para llegar a la conclusión de qué áreas trabajar, no hagas preguntas del tipo: «¿En qué crees que fallas?». Es mejor preguntar: «¿A qué crees que deberíamos dedicarle más atención para ganar en calidad como jugador?». Se trata de que el deportista piense más en términos de soluciones que de carencias. Oriéntalo a lo que tiene que entrenar, no a lo que ahora carece.

Todos tenemos algo en lo que progresar. Ninguno de nosotros ha llegado a toparse con sus límites, porque, de haberlo hecho, ya tendría un nuevo límite que cruzar. No hay techo, no hay tope. Las personas somos impredecibles con nuestra capacidad de superación.

### Dinámica

Plantea a tus jugadores el siguiente ejercicio. Pídeles que contesten a las siguientes preguntas (tú puedes elaborar tu repertorio de preguntas, estas solo son un ejemplo), y luego elabora un plan en el que se recojan los puntos que se van a trabajar y cómo.

- Si me empleara al cien por cien, ¿podría superarme?
- Si superarme dependiera de mí, ¿qué tendría que trabajar de forma concreta, en qué podría formarme?

- Si trabajo en el camino de mi propia superación, ¿qué resultados y metas podría lograr?
- ¿Alguna vez has tocado tu techo, tu límite? ¿Dónde crees que está?
- ¿Qué te impide alcanzarlo?
- Si recuerdas aquella vez en la que te superaste, ¿qué hiciste, cómo lo lograste, qué te supuso y cómo te sentiste?
- ¿En qué te puedo ayudar yo como entrenador, jefe de equipo, coach... para trabajar en tu superación?

**3. Las rutinas.** Los hábitos que nos dan orden durante el día, también nos confieren seguridad: horarios, hábitos saludables, costumbres, metodología de trabajo, incluso nuestra zona de confort.

Dentro de las rutinas de los deportistas y entrenadores, se encuentran los entrenamientos, concentraciones o la convivencia. El grupo tiene su rutina, pero el deportista también tiene una propia. Es sano tener claro y planificada la semana de entrenamiento, y no estar a salto de mata y en función de los resultados obtenidos en el partido. El jugador se siente tranquilo cuando conoce de antemano qué días se entrena, qué entrena y cuáles son los horarios. Modificar algo tan básico en función del resultado del partido indica que tu metodología no estaba adaptada y planificada para cualquiera de las circunstancias. El jugador interpreta entonces que te mueves por la frustración de haber perdido o la alegría de haber ganado. Y esta conclusión se relaciona con el desequilibrio emocional: «Este tío no sabe ni en qué día vive, macho, si ganamos nos da fiesta y si perdemos nos mata entrenando, a ver si se aclara, que me tiene descolocado. No creo que esto sea bueno para nuestros entrenamientos». Madres y padres no permiten que sus hijos se acuesten a las doce de la noche por haber logrado un sobresaliente, ni tampoco los mandan a la cama a las siete de la tarde si suspenden. ¿Por qué? Porque tener claro a qué hora te tienes que ir a dormir, independientemente de los resultados obtenidos en un ejercicio, aporta seguridad al niño. Lo mismo ocurre con los entrenamientos. Hay rutinas y metodologías que son inmodificables, sobre todo si la justificación es tu estado de ánimo. Otra cosa es que analices y planifiques de manera diferente en función de los cambios que has estudiado y que estás convencido de que son mejores para conseguir el objetivo grupal.

Algunas rutinas podemos llegar a confundirlas con las manías. Y estas no son ni buenas ni malas, depende. ¿De qué depende? Del grado de control que tengas sobre ellas y de cómo interfieran en tu vida.

Cuando le preguntas a un deportista que cuál es su rutina previa a un partido, te puedes encontrar de todo: desde hábitos puramente deportivos, como la forma de calentar, hasta el orden con el que comienzan a vestirse, empezando todo con el pie derecho, por ejemplo. Este tipo de manías les prepara para competir. El cerebro entiende que en el momento en el que se inician, empieza la mentalización y concentración y que el destino final es el partido. Como el bebé que empieza con un baño relajante, para pasar a cenar y tiene como destino meterse en la cuna a dormir.

En esa preparación tienen que contemplar ejercicios o rituales que dependan de ellos. Poner primero la bota derecha depende del jugador, le da seguridad y confianza, pero que el míster le dé una palmada en la espalda en el túnel del vestuario antes de salir al partido, no. Pensar que el partido irá bien y que tendrás suerte si se cumplen tus rituales, es querer controlar el destino a través del *locus* de control externo, o sea, lo que no depende de ti. Y aquí estás vendido.

Como entrenador, seguro que también tienes tus manías. Haz una lista de todos los rituales que son importantes para ti y de los que crees que depende tu suerte, esos que te dan seguridad y auguran un futuro prometedor, y luego clasifícalos en una tabla según el nivel de control que tengas de ellos. Mira el ejemplo:

| Rituales que dependen de mí | Rituales que no dependen de mí |
|---|---|
| • Santiguarme antes del partido, me da paz. No soy especialmente religioso, pero me serena. | • Que hayan bajado al vestuario de técnicos la fruta que tomamos antes de que lleguemos. |
| • Tomar un café solo cuando llego al vestuario. Me permite pensar y relajarme unos minutos. | • Que baje el directivo de turno a darnos suerte. |

Trata de no mostrar tus manías en público, ni hablar de ellas a los jugadores, ni, muchísimo menos, decirles o prohibirles algo que crees que te da mala suerte. Por ejemplo, hacer algún comentario como: «Ni se os ocurra traer una camiseta amarilla el día del partido... que os la quemo». Este comentario es exagerado, pero hay muchos parecidos. Cada vez que haces tus rituales dentro del grupo, transmites que no son tus conocimientos y tu forma de dirigir, ni el talento y esfuerzo de tu grupo lo que os lleva al éxito, sino el *locus* de control externo, como ponerte los zapatos que llevaste en aquel partido que ganaste y que están ya viejísimos. Puedes tener tus manías, es humano, siempre que dependan de lo que tú controlas, pero no las verbalices, porque así potencias y refuerzas que los jugadores también tengan las suyas.

Tampoco ridiculices ni menosprecies las manías de tus chavales. Pero sí valóralos que son los responsables de los logros, y que con trabajo y esfuerzo, además del talento que ya poseen, se llega a la meta.

Cuanto menos dejéis la suerte en manos del destino, mejor. Las rutinas son para darte seguridad, a ti y a tus chicos, pero nunca para vaticinar un resultado a favor o en contra. En el momento en el que confías que una estampita de la Virgen o la pulsera que te hizo tu hija te van a dar suerte, estás poniendo el éxito en el *locus* de control externo. Y si por alguna circunstancia pierdes tus objetos sagrados, pensarás que todo irá mal y caerás en la profecía autocumplida. Vamos, que si te preparas para perder, concentrarás tu atención en todo lo que verifica tu hipótesis y aumentarás la probabilidad de que ocurra. Habrás perdido, no porque no lleves a la Virgen encima, sino porque equivocaste aquello en lo que tenías que confiar: tu equipo y el esfuerzo.

**4. El foco atencional.** Dicen los consagrados en *mindfulness* que la mente funciona como una linterna en la oscuridad. Y que somos nosotros los que orientamos el foco de luz. Esta metáfora se refiere a la capacidad que tenemos las personas de elegir si atendemos o desatendemos la información útil o la inútil.

Imagina que estás en una sala completamente a oscuras, no se ve nada, no hay una rendija de luz. Estás con más personas, y a cada uno de vosotros os entregan una linterna. La podéis encender y elegir dónde dirigir el foco de luz. ¿Todos enfocaríais al mismo sitio? No. Algunas personas buscarían la puerta para salir, otros dirigirían la luz al suelo para no tropezarse y caer, otros harían la gracia de enfocar a las caras para pasarlo bien y divertirse y otros buscarían a las personas para no chocarse con ellas. En la vida ocurre lo mismo. Muchas personas se orientan, a través de sus pensamientos, al mundo inútil. El mundo inútil es aquel que queda lejos de nuestra capacidad de reacción. Es un mundo no controlable por nosotros, en el que no podemos intervenir, pero que cuando pensamos en él, nos genera emociones negativas. En el mundo inútil se encuentran todos los miedos y preocupaciones que no dependen de nosotros o que, momentáneamente, nada puedes hacer por resolverlos: «¿Estará mi pareja conmigo toda la vida, me querrá siempre?», «¿Nos salvaremos este año?», «¿La competencia sacará un servicio mejor que el nuestro?», «¿Tendré una enfermedad grave?, tengo miedo de ir a por los resultados», «¿Y si a los niños les pasa algo en el campamento de verano?». Este tipo de preocupaciones, restan, te llevan a rumiar, a hacer juicios de valor, a anticipar de forma catastrófica y a invertir toda tu energía y fuerzas en lo que no está a tu alcance. No saber gestionar estas situaciones provoca inseguridad y desconfianza. Al fin y al cabo, tienes la percepción de saltar de amenaza en amenaza sin poder poner soluciones.

Las personas pierden la confianza cuando se encuentran ante un problema o situación que no pueden abordar. Nuestra capacidad de atención es limitada y solo podemos atender una cosa a la vez. Entonces, ¿qué haces perdiendo el tiempo en lo que no controlas? ¿Qué haces dándole vueltas a lo que no quieres que ocurra? Olvídate de la idea de que estar preocupado y darle vueltas a las cosas es una conducta responsable. Muchos piensan, «Pero, ¿cómo voy a dejar de pensar en lo que me preocupa?». Muy fácil, ¡porque no tienes la solución! No es una conducta responsable darle vueltas al bucle. Al revés, lo emocionalmente responsable es ocuparte de lo que sí puedes solucionar y ser un pasota con lo que no. Dar vueltas a las cosas que no dependen de ti produce más sufrimiento que soluciones.

Tu bienestar depende en gran parte de tu capacidad de atención. Centrarla en lo que suma o en lo que resta es tu propia elección.

Potenciarás la confianza de tus jugadores si les enseñas a dirigir bien el foco de atención.

Enséñales a aceptar lo que no depende de ellos, como la injusticia de un fallo por parte del árbitro. Aceptar no significa resignarse, significa elegir dónde invierto mi energía. Si me quejo de forma desproporcionada, si le doy vueltas al error arbitral pensando en que siempre es a nosotros a quienes nos pitan mal, dejaré de estar concentrado y atento a lo que está ocurriendo en el presente, en este momento. Y justo es en esa jugada donde tú o tus jugadores podéis intervenir. El pasado está cerrado, y el presente, abierto. ¿Cuánto tiempo necesita el rival para meterte un gol? Segundos. Pues los segundos entonces tienen mucho valor, no se pueden despreciar pensando en algo que ya no es recuperable.

Para dejar de pensar en lo inútil, enséñales que pueden tener una palabra clave como «metido», «presente», «concentrado» o «ahora», y que la utilicen cuando estén desconcentrados y distraídos en el partido. Será la palabra, el mantra que les devuelva al momento y que indique «venga, va, es aquí donde puedes ser el protagonista».

¿Dónde tienen que dirigir la linterna tus trabajadores, hijos y jugadores? ¿Dónde tienes que dirigirla tú? Hacia lo que nos da seguridad y confianza. El pensamiento determina cómo nos sentimos. Si tienes pensamientos de duda, orientados al fracaso, si anticipas todo lo malo que puede suceder, tu cerebro lo busca y lo encuentra. Pero también ocurre a la inversa. Enséñales un «idioma útil», es decir, palabras y frases orientadas hacia lo que están haciendo, hacia la ejecución, hacia lo que sí funciona, hacia lo que tienen que hacer, hacia los objetivos, pero nunca, hacia lo que puede fallar.

- «Estoy preparado, he entrenado bien.»
- «Me concentro en mis sensaciones, siento mis piernas fuertes, estoy lleno de energía.»
- Me anticipo y busco el hueco, y ahora chuto con atrevimiento».
- «Encima, este es mío, pendiente de mi delantero, defiendo con contundencia.»
- «Intensidad, velocidad, fuerza, agilidad, es ahora, estoy bien.»

Es el jugador el que, en función del objetivo que tenga marcado, debe elegir palabras o frases que le ayuden a alcanzar el objetivo y estar atento a lo que le da seguridad. Trata de que cada uno busque su idioma seguro y que se hable a sí mismo y hable con sus compañeros con seguridad. No se trata de pensar en cómo puedes fallar una jugada, sino en qué vas a hacer para acertarla. El cerebro obedece más rápido cuando le hablamos de forma concreta y en términos positivos.

Los pensamientos y la atención van de la mano, y las emociones y la ejecución son consecuencia de cómo te hablas a ti mismo. Elegir pensamientos adecuados es una actividad que puede entrenarse, igual que entrenas las jugadas a balón parado. Aprovéchate de este aspecto de la psicología para incrementar la confianza. Entrena a tu equipo para que se fije en lo que sí controla, en lo que le da seguridad, en sus fortalezas y en lo que disfruta. Puedes colgar palabras y mensajes en el vestuario. Poco a poco, la idea irá calando.

**5. La imagen que tengan los jugadores unos de otros.** Las personas nos estamos relacionando continuamente, en el deporte, en el trabajo, con la familia, en la escuela y con los amigos. Somos animales sociales. Necesitamos sentir que pertenecemos a un grupo. Grupos con los que nos identificamos y en los que nos sentimos a gusto, grupos que nos dan respaldo y seguridad. Personas que nos aprueban, nos quieren, nos valoran y nos dan energía. La valoración de los demás es importante para cada uno de nosotros. En ningún caso debería ser lo que nos definiera como personas, pero sin ella solo tendríamos una referencia: la nuestra, y definida desde nuestro egocentrismo. Así que sentirnos queridos y aprobados por nuestro grupo, también nos da seguridad.

El límite entre **valorar** la opinión de terceros y la **necesidad** de esa aprobación, a veces es una delgada línea. La opinión de los demás en ningún momento puede condicionar tu toma de decisiones, sobre todo si crees que estás en lo correcto. Es más peligroso decepcionarte a ti mismo que decepcionar a los demás. No tengas miedo a tomar decisiones que otros no van a entender. Ni juzgues a los demás desde tu punto de vista y escala de valores, ni permitas que los demás lo hagan con tus decisiones. Inculca a tus jugadores que lo que opinan sus compañeros es importante, sobre todo si viene de alguien relevante en sus vidas. Pero para conseguir ser aceptado en el grupo, uno debe respetarse a sí mismo y no comportarse de forma sumisa. Para saber qué es aceptable en este aspecto y qué no lo es, fíjate en estas pautas:

| Sí | No |
|---|---|
| • Confía en ti mismo, si no eres tú mismo, nadie podrá saber cómo eres realmente y si vales la pena ser aceptado. | • No busques que todo el mundo te acepte, ¡es imposible! Somos personas diferentes, por lo tanto tus opiniones y gustos no son válidos para todos. |
| • Nunca tendrás seguridad plena sobre qué necesitan los otros de ti. Así que trata de ser tú mismo, así no te equivocarás. | • No hagas un esfuerzo sobrehumano por complacer a los demás para que te aprueben. No estarás siendo tú mismo. Y como no puedes fingir toda la vida, tarde o temprano descubrirán a tu verdadero yo. |
| • Cuando te sientes seguro, no necesitas estar pendiente de lo que hacen los demás. Con tus recursos y talento es suficiente para triunfar. | • Cuando te ninguneas y antepones siempre las necesidades de los demás a las tuyas, los demás también interpretan que lo tuyo no tiene valor. |
| • Haz las cosas por ti: la fuerza de voluntad es mayor cuando tratas de complacerte a ti mismo y a tus motivaciones, que cuando complaces los deseos de los demás. | • Hacer siempre lo que los demás esperan de ti y no ponerte en tu sitio y hacerte respetar hace que los demás se confundan y desconozcan dónde están los límites. |
| • Compórtate de forma amable, servicial, sé atento y educado. Sonríe y agradece los elogios de los demás | • No es lo mismo ser servil que servicial. Ojo con la sumisión y vivir para los demás dejando de atender tus propias necesidades. |

¿Quieres ganarte el respeto de los demás? Empieza por aceptar los elogios. Te los dicen porque te los mereces. No te justifiques, eres grande. Respeto y credibilidad van de la mano. La mejor manera de empezar a tenerlos es convertirte en modelo de lo que esperas de los demás: sé justo con tus elogios, sé honesto con quien merece ser alabado, no robes medallas, valora los éxitos como fruto del trabajo en equipo y no de tu talento individual, y sé agradecido y educado con las personas.

Ya que la seguridad y confianza se alimentan en gran parte de los elogios y refuerzos que recibimos, anima a tus jugadores y trabajadores a encomiar a sus compañeros. Elogios sinceros y concretos, basados en hechos que hayan observado o de los que hayan sido protagonistas. Haz alguna ronda de valoraciones después de los entrenamientos y que los jugadores den su opinión sobre qué han hecho los compañeros de forma brillante. Y pídeles que aporten pruebas de realidad. Las pruebas de realidad son datos que ilustran la alabanza. Si por ejemplo un jugador elogia la velocidad de otro, pídele que acompañe el comentario explicando la jugada concreta en la que ha observado esta virtud.

Enseña también a tus jugadores a expresar crítica de forma asertiva, de tal manera que puedan ser sinceros sin faltar el respeto ni humillar. Trata de mediar cuando aparezca el conflicto y de enseñarles a resolverlo de forma constructiva. Durante la temporada viviréis momentos tensos que pueden llevar a conductas agresivas. Si manejas la situación adecuadamente, se quedará en un episodio sin relevancia. Si permites que se descontrole, surgirán subgrupos, malos rollos, palabras que no se olvidan y desconfianza en el grupo.

**6. La influencia de Mercadona, la afición, familiares y amigos.**
Estando trabajando de psicóloga en un equipo y viviendo una racha en la que no hacíamos más que perder, recuerdo un comentario que me hizo un jugador: «Yo esta semana no pienso pisar ni el Mercadona». Cuando estás expuesto en un trabajo, todo el mundo se cree con derecho a opinar, no solo sobre tu profesión, sino que recibes críticas despiadadas, injustas y descargas sobre tu vida personal.

Los deportistas de alto rendimiento son juzgados por la opinión pública según lo que comen, las copas que beben, y con quién se acuestan. Y de forma subjetiva. Si ganan y marcan goles, todo es apoyo, ensalzamiento de la amistad y de su talento; pero como se les ocurra perder y no tener resultados, son unos fiestas, no sudan la camiseta y les da igual el escudo al que representan. Ya lo dijo Ronaldo, no Cristiano, sino el brasileño: «Cuando marcas eres grande, cuando no lo haces, eres gordo».

Como director de orquesta no puedes proteger a tus jugadores de la opinión pública. En España tenemos libertad de expresión y cada uno se expresa como le apetece, pero sí puedes trabajar con ellos el valor de no escuchar a quien no aporta nada y la capacidad de aprender de lo que sí son críticas constructivas.

Muchas veces un simple: «Nos están criticando porque no hacemos las cosas como nos gustaría a todos. Aceptemos que la gente está nerviosa y que cada uno se expresa como le han enseñado en su casa. No podemos hacer nada por callarlos, pero sí podemos hacer algo por tratar de revertir la situación», indica a los jugadores que esto que ocurre es normal. Si nos enfurecemos por la opinión pública, creas un ambiente hostil y resentido. Aceptar que el mundo funciona como no nos gusta, en muchas ocasiones es el primer paso para poder trabajar con tranquilidad. Muchos entrenadores y jugadores pierden tiempo justificando la situación y dando explicaciones. Un «lo sentimos, nosotros somos los primeros interesados en sacar el proyecto adelante y prometemos seguir luchando con todo lo que tenemos», es suficiente. Ni echar balones fuera, ni criticar a la prensa y afición, ni querer pedir perdón obligado, ni ser hipócrita con tus declaraciones emocionales. Cabeza alta, compromiso con el trabajo y que cada une dé lo mejor que tenga. Si te avergüenzas y te humillas en público, los demás creerán que es el trato que te mereces y lo harán también contigo.

La familia y amigos también opinan, algunas veces de más. Todos te dan consejos sobre lo que habría que hacer y dejar de hacer. Diles a tus jugadores que no den credibilidad a todo lo que escuchan. Es como cuando te quedas embarazada, todo el mundo tiene un consejo que debes seguir y te vuelves loca con tanta información.

Ante una situación de crisis es el grupo el que tiene que analizar y buscar soluciones y seguir esa línea establecida. Tu padre dice que si tal, tu hermano que os estáis equivocando, la mujer de un jugador que si a su marido no le tienen en cuenta y claro, así nos va. Aislaos de todo lo que contamine, pedid a la gente que deje de opinar y tened sentido común y paciencia para darle la vuelta al marcador.

Y qué decir de los padres que no hacen más que meter cizaña a los niños: que si el entrenador no te saca, que si no corres lo suficiente, que así no llegarás a ser jugador profesional, que si Fulanito no es mejor que tú pero juega más… el niño acaba presionado y con emociones encontradas.

Hay que dar las gracias a la gente por sus aportaciones, pero también tenéis que saber cuándo pedirles que paren y que no os den más consejos. Decidles que tanta opinión diferente os afecta de forma negativa y añade más presión. Y que las críticas que os hacen, a pesar de que entendéis que tienen buena intención, no llegan en un momento en el que puedan sumar.

Criticar es gratis y muy relajante, la gente lo considera deporte nacional. No hay más que ver los programas de televisión en los que prolifera el espectáculo de hundir a los demás. Es un circo. No razones con todo el mundo, ni te justifiques, no tienes que dar explicaciones de las decisiones que estás tomando. Acepta que a la gente le gusta participar, pero que lo hagan no significa que tú tengas que darles credibilidad.

No se te ocurra dudar de ti a raíz de la opinión de terceros, bajará tu confianza y entonces aumentará el número de errores. Si de verdad crees que puedes estar equivocándote en algo, pregunta a quien sinceramente pueda darte una opinión honesta y con fundamento.

Como veremos en los siguientes capítulos, el estilo de comunicación y el establecimiento de objetivos también aportan confianza a las personas a las que diriges.

**Habla el míster**

*Durante una temporada todos los equipos y jugadores pasan por diferentes fases, ¿quién no habrá escuchado alguna vez que a un equipo le entra todo o que tal delantero tiene el santo de*

*cara ya que todo lo que toca acaba en gol? O al revés, que es-*
*tán negados de cara al gol o que tal delantero no ve puerta.*

*Uno de los trabajos del entrenador es hacer creer a sus ju-*
*gadores en sus habilidades y explotarlas al máximo en prove-*
*cho del equipo y del individuo. Siempre primero el equipo y, en*
*consecuencia, el individuo. ¿Cuántas veces ha pasado que un*
*equipo hace una gran temporada y sus jugadores se revalori-*
*zan? Incluso los que no juegan mucho, si estás en un equipo*
*que tiene éxito, todos salen beneficiados porque no es lo mis-*
*mo no jugar en un equipo con éxito que en otro que no lo tie-*
*ne. La confianza es un factor importantísimo para todos los*
*que forman parte de un equipo o grupo. La confianza en uno*
*mismo, en el compañero, en el grupo...*

*La falta de confianza es uno de los factores más decisivos*
*para el mal funcionamiento de un grupo. Si la detectas hay que*
*«atacarla» lo antes posible. En los futbolistas, dos de las de-*
*marcaciones donde se nota más cuándo tienes jugadores con*
*confianza o sin ella son los delanteros y los porteros. Dos po-*
*siciones clave para ganar o no perder partidos. Utilizamos di-*
*ferentes estrategias para los jugadores que detectamos que*
*pueden tener ese problema. El primero y principal es hablar con*
*ellos por si les pasa algo fuera del terreno de juego, si a nivel*
*personal se encuentran bien —es muy complicado rendir al cien*
*por cien cuando no estás bien personalmente—, si tienen al-*
*gún problema con algún jugador, club o miembro del staff... Si*
*no es ninguno de estos casos, puedes organizar ejercicios es-*
*pecíficos individualizados para que vayan cogiendo confianza*
*en los aspectos a mejorar.*

*Otro factor que puede ayudar a recuperar esa confianza es*
*recordarles lo que son capaces de hacer o lo que han hecho an-*
*teriormente, y darles la seguridad de que pueden volver a ha-*
*cerlo porque son sus habilidades. Para ello hemos utilizado mu-*
*chas veces vídeos de refuerzo positivo, vídeos de sus habilidades,*
*vídeos personales... Uno que agradecen los jugadores es el ví-*
*deo de goles; cuando llevas algunos partidos donde cuesta mar-*
*car, solemos usar un vídeo con goles de todos los jugadores del*

equipo; cuando son vídeos colectivos involucramos a todos los jugadores, buscamos goles de todos los jugadores y les pasamos el vídeo explicando que somos un equipo en el que todos son importantes y en el que todos pueden ayudar tanto ofensiva como defensivamente. Las veces que lo hemos usado —no se puede utilizar en cada partido, ya que pierde su efecto—, nos ha funcionado bastante bien. Recuerdo una vez que lo usamos porque llevábamos tres partidos en los que nos había costado marcar y decidimos que era un buen momento para que los jugadores se vieran marcando goles en el vídeo: el resultado final fue de 3-3 teniendo que remontar un 3-1. Un equipo con falta de confianza no remonta si los jugadores no creen que se puede conseguir siendo capaces de marcar dos goles, e incluso tuvimos alguna ocasión más para ganar. Con esto no digo que sea milagroso este recurso, pero sí que puede ser de gran ayuda como lo pueden ser muchos otros. La clave es devolver la confianza a gente que ha sido capaz de hacerlo anteriormente.

A la hora de corregir, también tenemos muy en cuenta el qué y el cómo para que los jugadores no pierdan confianza y sigan intentándolo y mejorando. Soy de las personas que acepto como parte del juego los errores técnicos de los jugadores —no los de actitud o de no intentarlo—, el fútbol es un juego de aciertos más que de errores, el que hace más cosas bien es lógicamente el que comete menos errores y acaba teniendo un rendimiento superior a su adversario.

Otro factor que da confianza a los miembros de un grupo o equipo es que el líder tenga las cosas claras y no cambie en función de si se gana o se pierde; un ejemplo son las rutinas. Aunque pueda parecer que algo rutinario puede no ser positivo, en este caso sí lo es, cuanto más planificado lo tengas todo —entrenamientos, planificación semanal, planificación mensual...—, más seguridad y tranquilidad tiene el jugador. Los líderes que cambian mucho, y más si depende del resultado, crean incertidumbre y sensación de poco control de las situaciones, y se dejan llevar más por el resultado que por el rendimiento.

*Hablando de rutinas y de manías, en el mundo del fútbol hay muchas y de todo tipo. En mi época de jugador tenía la rutina de ponerme el calcetín y la bota derecha primero, es una «tontería» pero era un ritual que me preparaba para el partido, sabía que en ese momento mi concentración era absolutamente en el partido y me preparaba para competir. Ya como entrenador he vivido algunas «manías» de algunos jugadores, manías que no dependían de ellos, y me costó mucho hacerles ver que solo podían controlar lo que dependía de ellos. En una ocasión, un jugador se negó a jugar un partido de pretemporada porque el encargado del material se había olvidado de coger su número de camiseta. Había dos números libres, uno de un jugador que estaba lesionado y otro que, al no tener todas las fichas cubiertas, no «era» de nadie. Según me vino a explicar el segundo entrenador, el jugador se negaba a ponerse con la camiseta del compañero lesionado porque para él era una falta de respeto. Lo llamé para que habláramos a solas con el encargado de material y, después de escuchar las disculpas de este, le convencí para que jugara con el número de camiseta que estaba libre, que, casualmente, era el doble de su número. En ese partido marcó dos goles y, aunque siguió jugando toda la temporada con su número, se dio cuenta de que lo importante no era el número en sí, sino la confianza con la que afrontó el partido después de la charla.*

*Resumiendo, la confianza que muestras es la confianza que sienten los jugadores o los miembros del grupo, y tener un líder con confianza es el primer paso para tener un grupo confiado y seguro de sí mismo.*

Óscar García

# 7

# No son los resultados, lo que importa es el rendimiento. Objetivos para ver el norte

Si un hombre no sabe a qué puerto navega, ningún viento es favorable.

SÉNECA

A pesar de que los psicólogos no hacemos más que inculcar la importancia de definir objetivos en función de la tarea y no del resultado, el mundo mide el éxito y el fracaso en resultados, no en rendimiento. ¿Alguna vez has visto una estadística de un partido de baloncesto finalizado? Todo son números: rebotes defensivos, rebotes ofensivos, tiros de uno, de dos y de tres, balones robados, balones perdidos, número de asistencias, faltas, etc., incluso el propio jugador recibe un valor. Valoración 14. ¡Qué suerte tiene el MVP! Que traducido al castellano es «el jugador más valioso». Que sea el más valorado, tiene un pase, pero el más valioso, no. ¿Y quién valoró el ánimo, la actitud, el nivel de superación, el compañerismo o la generosidad?

Todo se mueve por los resultados. Cuando destituyen a un entrenador, la mayoría de las veces se debe a los resultados. Da igual que los jugadores sigan confiando en él, que estén jugando bonito y que el grupo esté unido. Es cierto que en muchas ocasiones la llegada de un nuevo líder es un revulsivo, pero no siempre es así. Porque el fallo estaba en otro sitio, no en los números.

Aceptemos lo que no depende de nosotros, pero trabajemos para que nos afecte poco. En lugar de preocuparnos por los resultados, deberíamos dirigir nuestros esfuerzos y atención a educarnos en los procesos y procedimientos. El «cómo» se consiguen los resultados es lo que realmente importa. Es ahí donde tenemos que invertir en formación y paciencia.

Cuando le preguntas a un deportista cuál es el sueño para la temporada, suele responder con objetivos como «marcar muchos goles», «encajar pocos goles», «hacer una buena temporada», «ser un jugador relevante», «bajar de mi marca personal 3 segundos», «quedarme entre los cinco primeros en el europeo» o «coger medalla en la Olimpiada». Los deportistas están condicionados por los resultados, porque son los que determinan su nivel de ingresos, los patrocinios, la mejora de sus contratos y la continuidad de su carrera profesional. El problema es que centrarse en los resultados genera más presión que eficacia. Es una paradoja que para tener éxito tengas que dejar de pensar en él.

## No definas solo el resultado. Define la tarea

Lo que a un deportista le lleva a alcanzar los resultados es el esfuerzo, el talento, la técnica, las decisiones que toma, su seguridad y confianza, la capacidad para soportar la frustración, la superación personal, la dedicación y la mejora continua. Cuando entrenadores y deportistas, trabajadores y jefes, padres e hijos, alumnos y maestros, aprenden a definir los objetivos en función del rendimiento, es decir, de lo que hay que hacer en lugar de lo que tienen que conseguir, aparece la magia del control. Si defines aquello en lo que tienes que trabajar en lugar de lo que tienes que alcanzar, te permite invertir ideas, emociones y actuaciones, te permite ser protagonista. Tener claros los objetivos es muy importante, son la guía, nos indican dónde queremos llegar, pero, sobre todo, el camino que tenemos que recorrer para poder alcanzarlos.

No hay que quitarle ni al deportista ni al alumno la ilusión de meter gol o sacar un sobresaliente en un examen, pero hay que inculcarles el hecho de definir siempre su línea de trabajo para llegar donde desean. De hecho, lo ideal sería que cuando le preguntases a un chaval «¿Dónde te quieres ver en el futuro?», se le iluminara la cara, dibujara una gran sonrisa y te contestara: «Ganándome el puesto en un equipo profesional». Esa ilusión no debe perderla nunca, que se acueste por la noche y fantasee, disfrute, imagine, pero que entienda que para lograrlo tiene que ser cumplidor y organizado, y esforzarse. Sin presiones de padres, ni de entrenadores, ni del entorno. Sería genial que se esforzara y fuera cumpliendo objetivos porque le generen emoción y que cada temporada siga manteniendo la pasión.

El objetivo que mantuvo a Felix Baumgartner durante más de cinco años era un objetivo de resultado: tirarse desde la estratosfera. Esa era su meta. Soñó a lo grande, más alto y más lejos imposible. Y llegado el momento, todos estuvimos durante más de dos horas mirando el televisor viendo cómo ascendía. Trabajó con dedicación cada uno de los días en un plan muy elaborado. Con un equipo multidisciplinar, de forma minuciosa porque ponía en peligro su vida, sin dejar un cabo suelto, volviendo a planificar cuando las condiciones no favorecieron el salto, sin perder la ilusión y pasión por el objetivo. Y al final, saltó. Su sueño no eran los pasos que daba a diario, y su progreso para poder saltar, su sueño era saltar. Los sueños tienen mucho poder. Por eso no podemos perder de vista la pasión de la meta final.

## La importancia de tener objetivos

Los investigadores Edwin Locke y Gary Latham demostraron que las personas de éxito se orientan hacia una meta. No solo imaginan su sueño, sino que pasan a la acción.

Las personas exitosas como Baumgartner o los grandes líderes como Martin Luther King, tenían sueños. Una de las frases más conocidas de Martin Luther King es la famosa «I have a dream».

Sin sueños nos marchitamos, perdemos la motivación y dejamos de esforzarnos. Los grandes conquistadores de sueños lo hicieron a lo grande. Me parece que tirarte desde la estratosfera es realmente ambicioso, y la lucha pacífica de Luther King, en la que entregas tu vida, lo más increíble a lo que un ser humano puede aspirar. Ya sabes, soñar a lo grande no está mal, al revés. Te lleva a implicar tus emociones, y las emociones son un motor. Siempre comento, respecto a Baumgartner, que un objetivo desafiante está al alcance de todos. La diferencia está en el esfuerzo, el trabajo y la perseverancia que invierten algunos para conseguirlo.

Tener objetivos forma parte de soñar con los ojos abiertos y tener claro el motivo por el que luchas y te esfuerzas. Tener objetivos es tu camino y tu meta, y dan sentido a tu profesión. Redactar objetivos conlleva una serie de beneficios, como mantener la motivación, favorecer la concentración y poder planificar el trabajo en función de lo que deseas.

Redactar tus objetivos es importante. Escribir te aporta orden frente a la anarquía del pensamiento. Cuando escribes, favoreces el proceso de atención, concentración, memorización y aprendizaje. Escribir te permite recoger y dejar plasmada una idea en un papel u ordenador. El cerebro tiene miles de cosas en las que pensar y con las que se distrae constantemente, sean relevantes en tu vida o no: hacer la compra, recoger tus zapatillas nuevas, llamar a un amigo que lo está pasando mal, los horarios de los entrenamientos o las fechas de entrega de un trabajo. El hecho de que tú «descargues» de material al procesador que tienes encima del cuello, es un alivio, para ti y para tu mente.

El cerebro responde positivamente ante los objetivos cuando los tienes por escrito. El cerebro es el órgano encargado de buscar el camino para alcanzar los objetivos. El cerebro sabe comprometerse, pero es mucho más sencillo cuando tiene claro con qué debe hacerlo. Toda la información que almacenamos en la mente se pierde si no la memorizamos. Cuando concretas los objetivos de forma cuantificable, estás guiando y comprometiendo al cerebro todavía más.

# Los objetivos necesitan un plan de acción

El sueño es algo vivo, que necesita de tu participación para seguir creciendo. No se puede tener un sueño y arrinconarlo en un cajón esperando que la oportunidad toque a tu puerta y te empuje a materializarlo. No pierdas nunca la parte interactiva con él. Fantasear con lo que quieres es genial, pero no es suficiente. Para que el objetivo tuyo como entrenador y el de tus jugadores cobre vida, tenéis que trabajarlo, como se cocina una receta para terminar convirtiéndose en un plato sabroso. Un objetivo implica: descripción, planificación, calendarización, reajustes, volver a planificar, y estar siempre actuando. Si no actúas, no estás siendo protagonista de tu sueño. Cuanto más planifiques, menos sorpresas tendrás y menos dejarás para la improvisación.

Cuando empiezas a trabajar con un deportista o con tu grupo, son muchas las ilusiones y proyectos que tienes como entrenador, desde cómo enseñarles tu método de trabajo hasta los valores que te gustaría que se respetaran en el grupo. No te agobies queriendo modificar y enseñar todo a la vez. Muchas personas se sienten seguras en su zona de confort, con su estilo de defender, con la formación e instrucciones que les han dado entrenadores anteriores o con el conocimiento que tienen de sus habilidades, o pueden tener baja tolerancia a la frustración. Estos puntos pueden ser piedras que impidan que tus chavales te escuchen o se convenzan de lo que esperas de ellos.

Por eso, trata de definir el objetivo con cada uno de ellos, diles personalmente lo que esperas, pero permite que intervengan en la definición, que te digan qué piensan y cómo se sienten ellos más cómodos. Puede que su planteamiento no sea contrapuesto al tuyo y lo podáis integrar. Os dará confianza definir y tomar decisiones conjuntas.

En el plan de acción necesitas recoger:

**1. Descripción del sueño.** Lo primero es definir la meta, ¿dónde quiero llegar?, ¿qué quiero conseguir? Diles que no se pongan obstáculos en esta definición, que se dejen llevar por la ambición de quien lo quiere todo. Porque esta definición es la mayor motivación, si le cortas las alas, igual lo desilusionas. Si un portero escribe algo como «Ser el Zamora», y tú lo miras con incredulidad y le dices: «Pero ¿cómo pones eso si tenemos a Casillas en la Liga?», lo hundes. Recuérdale que este tipo de objetivos motivan, pero no están basados en el rendimiento. Y que necesitas que defina el proceso.

Refuerza y anima a tu jugador: «Me encantaría que fuera así, ojalá consigas tu sueño. Yo estaré aquí para apoyarte. No sé si ese será el resultado, pero lo que yo voy a valorar es tu trabajo y tu esfuerzo».

**2. Una vez definido el sueño, define el rendimiento.** Si quiere ganar el trofeo Zamora, ¿cómo ha pensado conseguirlo? Pídele que te describa qué va a trabajar en cada sesión de entrenamiento y en cada partido. No se trata de describir aspectos técnicos, para eso estás tú, pero sí que piense qué nivel de esfuerzo y actitud requiere. En este punto introducimos la parte más real de la meta. El trofeo Zamora es la ilusión, la motivación, el sueño, mientras que la descripción de cada uno de los pasos es lo que nos da la referencia, el control, aquello de lo que sí podemos ocuparnos.

**3. Recoge los puntos uno y dos por escrito.** Una tabla ayudará a tu jugador a chequear si lo está cumpliendo diariamente o no. El hecho de chequear cada día lo que el jugador ha definido, centrará su atención en los pasos que necesita para conseguirlo. Los grandes deportistas tienen diseñados por escrito sus planes de entrenamiento. Los objetivos que están registrados mantienen la atención, concentración y motivación, y nos ayudan a persistir.

**4. Que se pueda medir.** Un objetivo debe poder cuantificarse para poder ser valorado. Tienes que tener alguna referencia, algún valor que te indique si ayer avanzaste o si hoy no has conseguido cumplirlo. El valor puede ser subjetivo, intrasujeto. No necesita ser un valor contrastado, basta con que el jugador pueda compararlo con sus propios números cada semana. La referencia es la suya, no la de su compañero.

**5. Temporalízalos.** Divide los tiempos, describe pequeños períodos, semanas, meses, la primera parte de la temporada. A veces la meta está tan lejos que puede provocar que pierda la ilusión.

Establecer un calendario y ver cómo semana tras semana se va acercando, mantiene la motivación y la concentración en la tarea.

A continuación facilito dos tablas para el registro y seguimiento de objetivos:

## 1. Objetivos para la temporada

| Objetivos de la temporada | Seguimiento mensual del objetivo 0 – 5 | | | | | | | | | | |
|---|---|---|---|---|---|---|---|---|---|---|---|
| | A* | S | O | N | D | E | F | M | A | M | J |
| **Individual** | | | | | | | | | | | |
| • Ser un jugador relevante para el equipo. | | | | | | | | | | | |
| • Ser atrevido con el balón y tirar a puerta en las ocasiones que pueda. | | | | | | | | | | | |
| • No lesionarme y poder jugar unos 30 partidos. | | | | | | | | | | | |
| **Grupal** | | | | | | | | | | | |
| • Llegar a cuartos en la Copa del Rey. | | | | | | | | | | | |
| • Estar unidos como equipo y llevarnos bien. | | | | | | | | | | | |
| • Disfrutar de la temporada. | | | | | | | | | | | |
| • Acabar entre los diez primeros. | | | | | | | | | | | |

\* Nuestro calendario de objetivos empieza con la temporada de fútbol en agosto.

Como ves, hay objetivos que no están definidos en función del rendimiento, sino del resultado. En la misma hoja en la que el jugador tiene escrita esta tabla, pídele que especifique qué tiene que hacer para ser un jugador relevante, para no lesionarse, para llegar a cuartos, y que cada vez que puntúe mensualmente su objetivo, valore más la descripción que el propio objetivo.

Fíjate, a modo de ejemplo, en uno de los objetivos grupales:
ACABAR ENTRE LOS DIEZ PRIMEROS.
Para conseguirlo, tenemos que...

• No bajar los brazos en ningún partido, independientemente del rival y del nivel de dificultad del partido.
• Estar unidos, animarnos y motivarnos entre nosotros.
• Trabajar la concentración los 93 minutos.
• Ser un equipo serio, ambicioso y muy perseverante.

## 2. Objetivos diarios en los entrenamientos y partidos

| Fecha | Describe tu objetivo para el partido/ entrenamiento de hoy: | Describe los pasos para alcanzarlo y lo que te dirás a ti mismo para mantener la atención: | Grado de éxito con el objetivo, valorado del 0 – 5 | Corrección. Si no te sientes satisfecho, piensa qué mejorarías la próxima vez: |
|---|---|---|---|---|
| 24/11 | Defender concentrado y sin perder de vista mi jugador. | Cuando defienda en mi área, estaré encima del rival, sin quitarle el ojo de encima y a la vez pendiente del balón. Mi palabra es: «ENCIMA». | 3 | No he podido estar todo lo fino que quería, una molestia en el aductor me tenía distraído. Tengo que repetir más mi palabra, porque me ayuda a centrarme en la tarea. |

Si a lo largo de la temporada el jugador alcanza sus metas antes de lo previsto, pídele que vuelva a definir unas nuevas. Y acuérdate de felicitarle por lo que ya ha conseguido.

Para mantener la motivación en tus propias metas como líder y que tus jugadores sigan ilusionados, recuerda estos consejos:

- **No olvidéis nunca vuestro «porqué».** Todos queremos alcanzar objetivos por un motivo determinado: por la propia superación, por ganar más dinero, por mejorar la eficacia, por superarte cada día, por encajar mejor un revés, por aprender a ser resolutivo con ambas piernas. ¿Por qué quieres ser tú un buen entrenador? Por sacar la mejor versión de tu equipo de trabajo, porque te interesa la gestión de personas, para ser más humano y cercano… Siempre hay un motivo para querer actuar. Tu motivo no tiene que ser bien visto ni aprobado por los demás. Es el tuyo y es el que te va a movilizar a ti. Tu porqué te hace único y especial. No pierdas nunca de vista tu porqué y que tus jugadores tampoco pierdan los suyos. No los critiques si no los compartes. Puedes aportar otros motivos, pero los de ellos son valiosos solo por el hecho de ser de ellos.
- **Disfruta de tu objetivo porque te mantiene en alerta y motivado.** Si solo disfrutas del final del partido y del resultado obtenido, estás desperdiciando 92 minutos del encuentro y toda la semana de entrenamientos. Disfrutar de lo que haces y de los pasos que vas dando aumentan tu calidad de vida en el trabajo y tu rendimiento. Deja de lamentarte por lo que pasó y concéntrate en el presente. Tampoco tienes una bola del futuro para controlar y anticiparte al mañana. Así que el único momento en el que puedes intervenir y disfrutar es el que estás viviendo. Dejarlo pasar es ningunear el tiempo, y de verdad que no tienes tanto como te imaginas. Lo que dejas de hacer hoy no es recuperable mañana. Mañana es otro momento, pero el de hoy es único. Decían en la película de Walt Disney *Kun Fu Panda*, que el «ahora» es un regalo, por eso se le llama «presente».
- **Postergar-procrastinar:** ¡qué mal suenan estas palabras y cuánto daño colateral provocan! El que posterga su objetivo se encuentra con varios problemas: el malestar como causa del deber no cumplido es uno de ellos. La sensación que alcanzamos de orgullo y plenitud cuando hacemos lo que tenemos que hacer, es brutal. Te llenas de satisfacción, lo disfrutas y te crees grande. Pero ocurre todo

lo contrario cuando abandonas o retrasas la tarea. No compensa, porque la culpa y el remordimiento no te dejan en paz. No hay mejor momento para ponerte en marcha que este y ahora. No siempre apetece entrenar, así que cuando estés de bajón y desganado, por favor visualiza la emoción de sentirte bien cuando te comprometes con tus objetivos. Sabes que al acabar lo agradecerás.

Otro problema cuando postergas es el incremento de malestar con la tarea. Cada ejercicio que dejas de hacer se convierte en un precedente de la dejadez, y la próxima vez que te pongas delante de lo que postergaste, te dará más pereza que la primera vez que dejaste de hacerlo. Es un bucle. Métete en la buena rutina, lleva tu vida ordenada en todos los sentidos porque la inercia te llevará a estar bien en todas las otras facetas. Nada ocurre si tú no te conviertes en el protagonista de esa acción.

• **Valora cada paso, no lo ningunees.** Siéntete orgulloso de tu esfuerzo y dedicación. Hay jugadores y trabajadores tan críticos con ellos mismos, que se orientan mucho más a lo que les falta que a lo que aportan. Se miden con un rasero demasiado exigente. Y esta forma de evaluarse debilita su autoestima. Nunca son lo suficientemente buenos porque podían haber hecho más, y no se sienten orgullosos de sus logros, sobre todo de los pequeños pasos, porque estos son su obligación y no un motivo de orgullo. Si sobrevaloras tus fracasos y minimizas tus éxitos, no te sentirás orgulloso ni feliz con lo que estás haciendo.

• **No busques la perfección, no existe. Solo hay que progresar.** ¿No has pensado que si querer ser perfecto te machaca, te exige, te impide disfrutar y te baja la autoestima, quizá no es tan positivo como siempre habías creído? Querer ser perfecto genera tal nivel de ansiedad que provoca el efecto contrario, el error. No se trata de hacerlo todo bien, es imposible, se trata de superarse. Llegar donde deseas es la consecuencia de tu perseverancia y pasión, no de la ausencia de errores.

Muchos objetivos no llegan a buen término, no porque te falte actitud, sino porque cometemos errores a la hora de definirlos o plantearlos. Los más comunes son:

- Que estén vagamente definidos: «Ser un jugador relevante».
- Que solo estén en función del logro, y te olvides de definir el rendimiento: «Meter más de 15 goles».
- Que estén definidos en función de lo que el jugador cree que es relevante para ti como entrenador, en función de lo que tú vas a valorar, pero que para él no sea una motivación suficiente.

## Dinámicas para redactar y planificar objetivos

A continuación facilito otra serie de ejercicios que te ayudarán a redactar objetivos. Son distintas dinámicas con un mismo propósito: poner por escrito el compromiso con tu objetivo.

### Escribir la historia a mi manera

Los libros de historia se escriben a toro pasado. Las cosas suceden y luego se registran. Pero ¿podemos invertir el proceso? ¿Y si anticiparnos al partido, a la reunión, al examen, nos permitiera escribir la historia a nuestra manera? Se trata, en función de lo controlable y de lo que depende de tus hijos y trabajadores, de anticiparte y planificar lo que sea predecible.

Pide a tu equipo que describa el partido que quieren vivir —jugadas, emociones, palabras clave para repetirse—, que visualicen y se preparen para distintos escenarios posibles. Yo les pedía a los jugadores en algunas sesiones que, en pequeños grupos, de unos tres jugadores, rellenaran lo que va en medio de estas dos reflexiones. Lo que va en medio es el partido que ellos desearían vivir:

> «Corría el año 2014, concretamente el domingo de ... cuando los jugadores saltaron al campo a disputar el encuentro contra ... ... y al final, se sintieron muy orgullosos por el trabajo realizado.»

**El diario de ruta**

Incluye cinco pasos para planificar los objetivos:

1. Definir el objetivo por escrito.
2. Descripción del perfil, el camino, los valores o los entresijos que componen el objetivo.
3. Hacer público el plan.
4. Imaginar las consecuencias positivas de alcanzarlo.
5. Reforzarte por el logro.

**Ficha previa al partido**

La ficha previa al partido es un análisis exhaustivo que contiene cuatro puntos:

1. Descripción del objetivo u objetivos, ¿qué vas hacer hoy, cuál es tu misión?
2. Análisis del rival. Nos sentimos fuertes y seguros cuando conocemos las debilidades y las fortalezas del rival, y cuando estamos prevenidos para afrontarlas:
   a. Conocer las debilidades de tu rival permite que puedas atacar donde más duele. Piensa en su debilidad y qué harás para desequilibrarlo.
   b. Conocer las virtudes de tu rival te permite estar preparado para reaccionar. Piensa en cuáles son sus fortalezas y en tu reacción para mantener el equilibrio.
3. Para conseguir tu objetivo hoy durante el partido, necesitas un mensaje clave que te ayude a mantener la concentración: «Hoy me voy a decir...».
4. Describe tu emoción: ¿con qué emoción deseas competir hoy? ¿Recuerdas la última vez que te sentiste así?

## Los nuevos retos y la zona de confort

Si solo trabajas en lo que ya eres bueno y haces bien, lo harás cada vez mejor, pero siempre seguirá siendo lo mismo. Realizar la actividad que conoces, jugar en la posición de siempre, acudir a las mismas reuniones, redactar el mismo tipo de informes, hacer las mismas llamadas, dirigir con el mismo estilo de liderazgo, etc., te da seguridad, pero no te da crecimiento. Estar en tu zona de confort no es negativo, pero necesitas combinarlo con etapas en las que salgas de la zona. Salir de ella te permite mejorar en dos aspectos:

- Aquello en lo que tienes inseguridad, lo que ahora son debilidades.
- Aprender nuevas jugadas y una nueva técnica, y hacer las cosas de forma diferente.

En ambas situaciones te sentirás incómodo cuando empieces a trabajarlas, pero es solo un estado emocional pasajero. Lo mejor es no sobrevalorar la emoción que sientes, ni siquiera el miedo, y seguir actuando.

¿Por qué es incómodo salir de la zona de confort? Las personas buscamos la seguridad y la protección, forma parte de nuestros instintos más básicos. No nos gusta movernos en la cuerda floja, poder perder el equilibrio y caer. Riesgos, los justitos y el «Virgencita déjame como estoy» es la religión de más de uno. Esta postura es la adecuada para quien decida no superarse, que es una opción tan válida como la que pueda tener una persona competitiva y ambiciosa. Pero si quieres peces, te mojas el culo. Si quieres llegar alto, ascender, tener un puesto mejor, jugar de forma brillante, destacar en tu profesión o sacar una media de sobresalientes porque deseas matricularte en una carrera universitaria con números clausus, tendrás que convivir con emociones como la frustración y estados como el cansancio y el dolor, priorizar el deber por encima del placer o estar incómodo, para finalmente sentirte orgulloso y satisfecho de tus logros. Que no te engañen, que lo fácil y cómodo no tiene recompensa. Que convertirte en alguien reconocido no pasa por la renuncia a la propia integridad moral ni exige ser un trepa, sino que consiste en invertir trabajo, tiempo y dedicación. Lo demás, mitos.

Salir de la zona es muy sencillo si dejas de cuestionarte tus miedos. Acéptalos:

- Acepta que puedes fracasar como entrenador y que te pueden destituir del equipo. Acepta el error y las derrotas. Nadie llega a ser brillante sin equivocaciones y tropiezos en su camino. Nadie consigue hacer un saque perfecto si no lo ha ensayado miles de veces. El error forma parte del aprendizaje. Llega un momento en el que se interioriza el nuevo aprendizaje y se automatiza. Este es el momento para volver a salir de la zona de confort con un nuevo proyecto.

- Acepta el final de tus «¿Y si…?». «¿Y si tomo la decisión de jugar así y perdemos?» Pues perdemos. No argumentes, no busques justificarte, no rumies, no le des más vueltas. Has analizado el partido, has sacado tus conclusiones. Ahora toma la decisión. Hay cientos de «¿y si…?» posibles. No te pares en ninguno de ellos.

- Acepta las emociones negativas: intranquilidad, inseguridad e incertidumbre. ¿Alguien te dijo algún día que para triunfar tenías que sentirte 24 horas al día tranquilo, seguro y en lo cierto? No. Sobrevaloramos lo que sentimos por ese interés por estar siempre bien, siempre feliz, siempre tranquilo. Estas otras emociones también existen, acéptalas en tu vida, déjalas estar, incluso dibújalas, con sus sonrisas y sus melenas al viento, guíñales un ojo y diles algo como «Bienvenidas a mi salida de la zona de confort, os veo muy dispuestas a acompañarme en este viaje, apretaros los cinturones y, a la de tres, nos ponemos en marcha, vamos señoritas».

- Define qué quieres, por qué y con qué. Y una vez tengas redactado este ejercicio, actúa. Nadie te va a sacar de la zona si no lo haces tú. Eres el protagonista de tu vida, de tus sueños y de tus ambiciones. El partido, igual que la película, no acaban hasta que aparece la palabra «fin». Pero no puedes dejarlo todo para el final. Siempre hay tiempo para salir de la zona, pero cuanto antes dejes de postergar y tomes el control de la situación, antes llegarás a la meta.

- Acepta que la vida necesita un poco de riesgo para ser vivida. Riesgo es valentía, es un pellizco de inconsciencia, porque no todo puede ser medible. Riesgo no es temeridad. Hay una diferencia muy grande entre temerario y valiente. El valiente quiere ser protagonista y tener presencia. El valiente se valora con recursos y habilidades como para enfrentarse a las situaciones y entiende que el fracaso es una de las probabilidades. El temerario sale de la zona para estamparse con la piscina vacía. El valiente lo hace para chapotear. Se siente mejor en tierra, pero en el agua se medio defiende.

## Enseña a los tuyos a salir de la zona y crecer en sus objetivos

Amén del talento deportivo o la capacidad de trabajo que tenga tu equipo, lo que muchos líderes valoráis es la actitud. Cuántas veces hemos observado que personas brillantísimas por su talento se quedaron en el camino por falta de actitud, por no saber superarse o por no saber dar un paso al frente. Y otros, aparentemente más mediocres, pero hormiguitas, perseverantes y valientes, tomaron la delantera por ser capaces de enfrentarse a la situación. Y es que a veces es más el arrojo que la habilidad lo que nos lleva a triunfar. Tú puedes fomentar la garra, el tener sangre y que los tuyos sepan competir. Muchas personas que tienen miedo al fracaso, dejan de probar y de intentar cosas nuevas. ¿Ser valiente viene genéticamente determinado? No. Se aprende. Y se aprende porque se enseña.

Para ello tendrás que enseñar a los tuyos a lidiar con el error, fomentar incluso que se equivoquen, dejar de valorar el resultado para valorar el aprendizaje de cada ensayo. Salir de la zona de confort lleva implícito equivocarte, si no sería demasiado fácil salir de ella y no tendría valor. ¿Qué se puede valorar si no es el resultado? La voluntad, el esfuerzo, aunar intereses, comunicarse adecuadamente, el compañerismo, dedicar más esfuerzo y tiempo que el que dice tu horario laboral, etc. Muchas cosas, pero pasan desapercibidas porque nuestra sociedad se orienta más a las famosas cuentas de resultados que a los procesos y los valores.

Si cada vez que el chaval o tu trabajador intentan aportar una nueva idea o te responde en clase con creatividad y tú le castigas, dejará de intentarlo. Se sentirá fuera de lugar, torpe y ridículo. Y aprenderá que hacer y pensar en otra dirección le lleva más al castigo que al premio. Nadie quiere hacer aquello con lo que no se siente cómodo. Así que si quieres un equipo con actitud, tendrás que convertir el fracaso en algo cómodo. He aquí algunas de las claves para lograrlo:

- **Despenaliza el error.** No el error por dejadez. Una cosa es equivocarte por intentar hacer algo y otra cosa es la falta de responsabilidad.
- **Fomenta el equívoco.** Aplaude a quien se atreve, al osado. No dejes que se lamente o sienta culpa. Dale un abrazo, una palmada, dile lo importante que es para ti su intento, no su logro. Recuerda: las conductas reforzadas, se repiten.
- **Saca aprendizajes.** Pregunta a los chicos qué emoción sintieron, qué aprendieron haciendo cosas diferentes, y qué dice de ellos su atrevimiento: «podemos hacerlo y no pasa nada», «somos valientes», «equivocarse no es un fracaso, es una experiencia», «cada vez estoy más cerca de tener un saque mejor», «estoy mejorando mi estilo a espaldas, antes no era capaz de intentarlo, me sentía muy cómodo con la braza…», etc.
- **Enséñales a gestionar las emociones asociadas a salir de la zona.** Pide a cada jugador que dé «vida» a su emoción. Que pinte una estrella, una bola, un monstruo, etc., al que dé el nombre de «mi incertidumbre» o «mi inseguridad» y que aprendan a relacionarse con ella en un tono humorístico: «Vamos, tú y yo nos vamos a tirar tiros de tres, no voy a permitir que me bloquees, ¿eh?».
- **Corrige de forma constructiva.** Centra más tu comunicación en lo que esperas de ellos y en cómo hacer bien el ejercicio, que en decirles lo que han hecho mal. Lleva su atención a la solución, no al error. No se trata de decirles en qué te has equivocado, sino en describir el movimiento o la actuación adecuada. Además, el cerebro entiende mejor las órdenes formuladas en estos términos.

## La relación entre el optimismo y los objetivos

En su maravilloso libro *Focus*, Daniel Goleman menciona varios estudios en los que establece una relación directa entre la capacidad de alcanzar los objetivos y el optimismo de las personas. La positividad y el optimismo permiten que el foco de atención esté puesto en esperar cosas buenas, en creer que a través de su esfuerzo y habilidades conseguirán el logro. Se fijan menos en lo que falla que en lo que les funciona. Esta actitud permite invertir más tiempo y perseverancia en los objetivos, y, por lo tanto, alcanzarlos. En contraposición, las personas negativas tienden a olvidar la recompensa que supondrá obtener la meta. Su mente se ofusca con las dificultades y las piedras del camino, y abandonan con más facilidad.

Los estudios demuestran que la positividad y la capacidad de persistir en la tarea están relacionadas entre sí. Esa actitud ante la vida nos ayuda a persistir. Los estudios del profesor Richard Boyatzis ponen de relieve que las personas que se centran en sus fortalezas en lugar de en sus debilidades, movilizan sentimientos positivos que les ayudan a abrirse a planificar y crear. Dice Boyatzis que «para esforzarnos necesitamos una visión optimista».

Son numerosos los estudios que demuestran la relación entre optimismo y rendimiento. Las personas que disfrutan de su trabajo lo hacen con mayor creatividad, menores niveles de estrés, dedican tiempo que no es valorado como sacrificio sino como inversión en algo que les apasiona, y su estado anímico les permite fluir. Csíkszentmihályi demostró que el estado de flujo nos lleva a un mayor rendimiento. ¿Quién tiene más probabilidad de persistir y luchar por sus sueños, quien los disfruta y espera alcanzarlos, o quien hace penitencia por el camino?

Las personas optimistas nos llenan de energía, nos motivan y nos ayudan a lograr los objetivos. Todos desearíamos tener a un motivador encima de nuestro hombro que nos insuflara ánimo, palabras de aliento, mucha fuerza y coraje para no abandonar. Tú eres el líder, necesitas también representar este rol y contagiar a los tuyos esta habilidad.

## Objetivos con un punto de no retorno

¿Por qué se marcan más goles en los últimos minutos de los partidos? Porque en ese momento es AHORA o NUNCA. ¿Por qué en el hoyo 18 de un *play off* eres capaz de jugarte tu mejor golpe, el más difícil y arriesgado y, encima, hacer *birdie*? Porque no te queda otro remedio, porque en ese momento no hay plan B.

Tener un punto de no retorno significa no tener un plan B. En la mayoría de ocasiones en la vida, tener alternativas a tu plan es una magnífica señal. Significa tener capacidad de reacción, probar desde otra perspectiva, caminar en otra dirección, significa no bajar los brazos cuando tu plan falla.

Pero también existen circunstancias en la vida que requieren poner todos los huevos en la misma cesta, o, por lo menos, trabajar o jugar con la actitud de quien no se plantea otra alternativa más que la de conseguir su objetivo.

Cuando explico esta teoría en mis conferencias y talleres, las personas me preguntan qué ocurre si el único plan que tienes, falla. Realmente no pasa nada, pero si no te planteas jugar con la actitud de quien lo va a dar todo, absolutamente todo, no lo harás. Cuando el único plan falla, si trabajaste o competiste con un punto de no retorno, lo que sí tengo claro es que jamás podrás echarte en cara que lo que dependía de ti no se hizo.

La idea del punto de no retorno viene después de leer a un escalador alemán en la revista *Der Spiegel*. Le hicieron una entrevista en la que hablaba de que, en su modalidad de escalada, la escalada libre, a la altura de seis metros, aparecía el punto de no retorno. En la escalada libre el alpinista sube una pared que puede tener cientos de metros de altitud, una pared vertical, sin sujeciones. No tiene ayuda. Cuando alcanza la altura de seis metros es el momento en el que la decisión de escalar no tiene vuelta atrás. Bajar es inviable por la altura que ya ha trepado. No puede abandonar. Así que los trescientos o más metros que le queden tiene que subirlos sí o sí. Muchas son las veces que decimos en un partido de fútbol, minutos antes de salir al campo —sobre todo cuando estás apurado en la clasificación y necesitas ganar—: «¡Este partido tenemos que ganarlo sí o sí!». De por sí está mal formulada la frase, porque volvemos otra vez al resultado y no al rendimiento. No obstante, son los comentarios que se hacen y eso no lo vamos a modificar. Pero si queremos ese resultado, tu punto de no retorno es la actitud, la manera en que vas a luchar cada uno de los minutos, no solo los últimos diez del partido. Tu actitud es tu punto de no retorno.

Cuando dificultas la tarea, incrementa la concentración. Las actividades sencillas utilizan la atención ascendente, que es intuitiva, rápida, automática, involuntaria y nos permite realizar actividades como escuchar música y conducir a la vez. Pero las tareas complejas, que necesitan una atención voluntaria y dirigida, utilizan los mecanismos cerebrales de la atención descendente. Requieren toda tu atención y concentración. No hay despistes, no hay distracciones, tu cerebro está inmerso solo en tu actuación. Incrementar el nivel de dificultad o presionarte «sanamente» poniéndote una fecha y un tope, dirigen tu esfuerzo hacia la meta. Si a un trabajo no le pones fecha de entrega, tu cerebro tiende a distraerse y dispersarse. Tener límites nos obliga a organizarnos y cumplir. Lo mismo ocurre con los objetivos con un punto de no retorno.

Si no ganas el partido, no pierdes la vida, como le podría pasar al alpinista, y si no empiezas hoy a correr, tu objetivo no desaparece. Pero plantearte la idea de «mañana es mi punto de no retorno para empezar a hacer deporte, es mañana o nunca», dejar todo preparado para que así ocurra, puede motivarte. Plantéatelo en serio, que de mañana no pasa, que no existe la posibilidad de postergar, que tienes que hacerle hueco en tu agenda sea como sea y que no te podrás meter en la cama con ese objetivo pendiente. Si te tomas en serio el propósito del punto de no retorno, lo cumplirás.

Para que el punto de no retorno sea efectivo:

- Trata de que sea algo que dependa de ti.
- Tira de fuerza de voluntad. Repítete una y otra vez que te has comprometido y que no te queda otra.
- Deja de darle vueltas a la voz interior que te dice que queda toda la Liga por delante o toda una vida para hacerlo. Es verdad, pero también mentira. Cuanto más lo retrases, mayor será la ansiedad y la pereza.
- No razones, ni argumentos, no busques excusas. Es ahora, ya, en este momento.

- No abuses de los puntos de no retorno. Si te los planteas con frecuencia, dejarán de ser motivadores. No todo puede tener este nivel de exigencia. Guarda esta actitud para cuando la necesites de verdad.
- Describe tu punto de no retorno. Ese es el final, y ahora regresa al principio y describe cada paso, cada emoción, cada pensamiento que necesitarás para poder cumplir con tu misión.

---

### Habla el míster

*Como ya os he comentado en capítulos anteriores, cuanto más claros tienes los objetivos a cumplir o conseguir, mucho más fácil es tu trabajo y el de tu equipo. La pretemporada, los primeros entrenamientos, son una época perfecta para fijar objetivos. Personalmente, utilizo las reuniones individuales con los jugadores para fijar sus objetivos individuales y también los colectivos. A cada jugador le pregunto qué espera de la temporada a nivel individual y qué metas u objetivos se marca, y también a nivel colectivo, a nivel grupal, en su opinión, cuál tendría que ser el objetivo alcanzable para el equipo. Siempre añado la palabra «realista» o «alcanzable» para dar un valor «conseguible» en su opinión. Después les digo lo que pienso y lo que quiero que llegue a conseguir tanto a nivel individual como colectivo, y les explico qué y cómo lo podemos lograr, cuáles serán las directrices y la filosofía a seguir. Con ello consigo un compromiso por parte de cada jugador para culminar con éxito los dos objetivos: el individual y el colectivo. Hay que intentar no «engañar» al jugador, si un jugador se siente engañado por su líder, va a costar mucho recuperarlo. Por eso no soy partidario de prometer que si hace esto o lo otro va a jugar seguro, porque hay muchas circunstancias que pueden provocar que no sea así. Lo que les comento es que si «cumplen» con lo que se comprometen a hacer, van a tener muchas más posibilidades de jugar que si no lo hacen.*

*Estos objetivos tienen que ser asumibles tanto individual como colectivamente, y hay que ir recordándolos e incentiván-*

*dolos. Hay muchas clases de objetivos, por lo que hay que ir «cumpliendo» los de más corto plazo para llegar al de largo plazo que normalmente es el más ambicioso. Esos objetivos cortos permiten llegar al más «largo» y ayudan a seguir creyendo en los momentos más complicados de la temporada.*

*A mí me gusta que todos los entrenamientos tengan uno o varios objetivos. Planteamos las tareas con el objetivo de conseguir algo en cada una de ellas. No se trata de hacer entrenamientos por hacerlos, sino de que tengan un objetivo cada uno. Me gusta explicarlo al comienzo de cada entrenamiento porque así los jugadores lo entienden mejor y lo van interiorizando. Les explico el objetivo, cómo vamos a trabajarlo y el porqué. Siempre intento que los disfruten. Uno trabaja mejor si disfruta con lo que hace o lo que va a hacer. De ahí que busque y planifique tareas con el balón de por medio, el mismo trabajo físico, por ejemplo, con o sin balón motiva de forma diferente a los jugadores y siempre van a dar un poco más si tienen el «caramelo» del balón, por muy intenso y exigente que sea el entrenamiento.*

*En estos entrenamientos buscamos hacer pensar al jugador, intentamos que busquen soluciones por sí mismos. Por ejemplo, intentamos no repetir muy a menudo los ejercicios, les cambiamos las reglas a mitad del ejercicio cuando vemos que han conseguido el objetivo... Y este tipo de situaciones nos ayudan a conocer también mejor a los jugadores, los que se adaptan rápido, los que son líderes y organizan a sus compañeros... También vemos con claridad los que han trabajado este tipo de situaciones en el fútbol base de sus equipos. ¡Qué importantes son los entrenadores formativos en el mundo del fútbol!*

*Los períodos de formación son básicos para los jóvenes jugadores, hay que ir con mucho cuidado a la hora de formar chicos o chicas porque su capacidad de absorción y de aprendizaje es enorme, por lo que la información que se les dé la van a procesar como la correcta. Por ejemplo, muchas veces se tiende a penalizar los errores, pero es el momento de equivocarse para mejorar, hay que dejar que los chavales se equivoquen al probar o intentar cosas nuevas, al ser atrevidos... Si se les penaliza, van a dejar de intentarlo y conseguiremos jugadores con miedo al error y tendencia a hacer lo mínimo para «contentar» al entrenador o formador. Entrarán en una zona de confort muy negativa para su mejora. Otro factor que me parece muy importante es que los jugadores a temprana edad sepan o se les enseñe a jugar en diferentes posiciones. En España no es muy habitual, pero en otros países lo es un poco más. Por ejemplo, al chico que juega de extremo habría que hacerle jugar a veces de lateral. ¿Por qué? Pues porque ¿contra quién o contra qué posición del equipo rival se enfrenta en cada partido? Contra el lateral contrario, ¿verdad? Pues si juega algunos partidos de lateral, sabrá de primera mano qué tipo de dificultades tiene un jugador que juega en esa posición y sabrá también sacar provecho de ello cuando vuelva a su posición habitual. Otra respuesta es que para mejorar en esas edades se tiene que encontrar con dificultades. Por ejemplo, en el fútbol base, un jugador que tenga aprendidos los automatismos de jugar de medio centro, puedes probarlo de defensa central, de interior o de media punta, ya que todo ello va ayudar a que el jugador tenga una formación más completa y esté mejor preparado para su futuro.*

Óscar García

# 8

# Hablar y escuchar es comunicar

Recuerde que no basta con decir una cosa correcta en el lugar correcto, es mejor todavía pensar en no decir algo incorrecto en un momento tentador.

Benjamin Franklin

Como entrenador debes prestar importancia al proceso de comunicación. Los problemas de comunicación muchas veces no vienen por hablar poco, sino por la dificultad para entendernos. Y es que cada vez que lanzas un mensaje, intervienen muchos estímulos. Tu cuerpo, tu expresión facial, la cercanía, el mensaje, el tono, el volumen, tu rapidez, el contacto ocular, la intencionalidad del mensaje, el cómo lo dices y el qué dices. A los buenos comunicadores se les percibe como personas de éxito. La gente que habla en público y llega al público, la que se hace entender, la que comunica de forma fácil, las personas con paciencia y con capacidad de escucha, se ganan a los oyentes. Tener don de palabra forma parte del liderazgo.

Nos forman más en la escritura que en la oratoria. Pero lo cierto es que diariamente estamos hablando. Somos seres sociales. Entrenar este tipo de habilidades te permitirá tener herramientas que facilitarán tu relación con las personas a las que diriges.

También es importante que estés al día con las nuevas tecnologías. Tus jugadores reciben más WhatsApp que llamadas. La manera de comunicarnos está cambiando, igual que cambian las formas de entrenar. Si quieres estar cerca de ellos, emocionalmente hablando, seguro que en algunos momentos les llegará y apreciarán más un mensaje que otra forma de comunicarte.

## Saber escuchar

Aunque el título del capítulo parece obvio, no lo es. Porque si los líderes y entrenadores escucharan más, todo funcionaría mejor. El que ostenta la posición de director de orquesta tiene asumido, como si le viniera de serie, la necesidad de hablar mucho: informar, transmitir, dar órdenes, elogiar, criticar, mediar, solucionar, escribir, mandar mensajes, enviar correos electrónicos, hacer lo que sea con tal de que llegue el mensaje. Pero comunicar comprende un acto bidireccional, en el que la escucha tiene un gran valor.

Escuchar es una fuente de información muy valiosa, y a veces los de arriba lo olvidan. Se escucha poco y se escucha mal. ¿Por qué? Pensamos que el que habla es el que domina, el que influye o el que transmite. Pero es un error. Se escucha poco porque:

- Hay prisa.
- Muchos presuponen que saben más que los que callan.
- Porque escuchar requiere oír otros puntos de vista, y no siempre gusta lo que oyes.
- Por inseguridad y miedo a que alguien al que diriges aporte opiniones y argumentos que a ti no se te habían ocurrido.
- Por menosprecio hacia tu equipo de trabajo, presuponiendo que no tendrán nada interesante que aportar.

Si quieres escuchar mejor, puedes seguir los siguientes consejos:

- No interrumpas, ni anticipes lo que crees que será el final de la frase. Deja que tu chaval se exprese de forma tranquila sin miedo a ser interrumpido.

- Pregunta por sus necesidades, no te quedes con dudas. «Me gustaría saber exactamente qué necesitas de mí», «Para poder ayudarte, cuanta más información me des, mejor».

- Sonríe y asiente con la cabeza, muéstrale que le estás comprendiendo. Una sonrisa inspira al otro a seguir hablando, hace que se sienta seguro y atendido.

- Haz pequeños resúmenes, dando a entender que has captado sus necesidades. «Entonces lo que me dices es que...».

- Mantén el contacto ocular y dirige tu cuerpo hacia la persona. No mires el ordenador, ni el teléfono, ni atiendas a otros a la vez. Estás con tu jugador, trabajador o alumno, haz que se sienta especial.

- No hagas como que has entendido si no es así. Es preferible que le digas que te repita lo quiere otra vez.

- No des consejos sin preguntarle si desea escucharlos. Puede que no esté buscando una solución y que solo te esté informando sobre un tema. Tendemos a dar consejos sin que nos los pidan pensando que así estamos colaborando con quien sufre. Y, muchas veces, las personas saben lo que tienen que hacer. Lo que necesitan es desahogarse, no que les soluciones la vida.

## Adapta tu comunicación a las nuevas tecnologías

Tener un grupo de WhatsApp es ya un clásico. Trata de que se utilice correctamente. En él puedes colgar los horarios de entrenamientos, felicitaciones a los chicos o cualquier noticia de interés para el grupo.

Trata de no hacer bromas ni mandar memes por el chat. Darás pie a que los veintitantos jugadores hagan lo mismo y pierda la finalidad informativa que tenía. Además, hay tantos grupos de WhatsApp colgando las mismas tonterías, que resulta aburrido. Muchos entrenadores creen que hacer bromas es acercarse a los jugadores, fomentar su rol «colega», pero lo cierto es que, salvo que tengas una gracia natural y mucho ingenio e inteligencia humorística, tus bromas pueden ser más motivo de burla que de acercamiento.

# Comunicación verbal

Eres el entrenador y por ello serás quien inicie y finalice muchos de los procesos comunicativos que tengas a lo largo de tu carrera profesional. Son los jugadores y tu cuerpo técnico los que esperan que tengas la iniciativa en este terreno.

Muchas veces tendrás muy claro en tu mente la idea que deseas transmitir, pero ¿has jugado alguna vez al teléfono escacharrado? Es la mejor dinámica que hay para comprobar cómo se pierde la cantidad, la calidad y la intención del mensaje en apenas diez minutos. Se trata de coger a cinco personas y pedirles a cuatro de ellas que abandonen la habitación. La persona que se queda contigo tendrá que escuchar una historia, sin poder preguntarte ni interrumpirte. Una vez haya escuchado lo que tú le has contado, será el nuevo emisor y le contará la misma historia a uno de los cuatro sujetos que han salido fuera. Irán entrando de uno en uno e irán escuchando la historia que de uno a otro os vais transmitiendo. Cuando el quinto sujeto entra, oye la historia y la repite al grupo. En todos los casos en los que yo he practicado esta dinámica, la historia se tergiversa, se reinterpreta, se saca de contexto, se acorta, se cambian los personajes y aparecen y desaparecen elementos. En definitiva, en quince minutos se desbarata por completo.

Cuando realizo esta dinámica, la risa está asegurada. Pero en la vida cotidiana y profesional, no tiene gracia alguna. Porque el mensaje inicial que tú tenías tan claro y estructurado en tu mente, es tergiversado por todo el mundo. No hay mala intención; lo que ocurre es que las personas interpretamos y mezclamos la información que recibimos con nuestras experiencias y nuestros juicios de valor, con las emociones y con muchos otros estímulos que modifican el mensaje original.

Así que si quieres asegurarte de que tu mensaje llega tal como a ti te gustaría, evita los intermediarios, y comunícate no solo por vía oral, sino también por escrito. El «me dicen que han dicho que dijiste que tú comentaste que ibas a...» siempre acaba mal. Lo que tú ves tan claro, no siempre es así.

Desde lo que tú piensas hasta lo que la persona procesa del mensaje, hay muchos eslabones en los que se pierde información: tú piensas, le das forma y lo comentas, y la persona lo oye, lo interpreta, lo almacena y lo reproduce. Y como tenemos una capacidad selectiva para atender, cada uno le dará más relevancia o menos a según qué partes del mensaje. El que está con la autoestima baja porque cometió errores, estará más pendiente de los errores que estás corrigiendo y olvidará que alabaste una acción; el que se siente poco relevante porque no está siendo titular, desconectará y no te prestará atención; el jugador que se siente importante porque hizo gol, te estará prestando toda la atención del mundo. Así que para facilitar la transmisión de la información debes:

**1.** Seleccionar muy bien el mensaje para el grupo. Ten claro cuál es tu objetivo desde el inicio. No se trata de hablar por hablar. Y tampoco se trata de hablar en público, sino, como dice Teresa Baró, de comunicar en público. Hay una diferencia significativa entre los dos conceptos.

**2.** Sé comprensivo con los estados emocionales de todos.

**3.** Da la información ordenadamente. El cerebro almacena y recuerda mejor un mensaje ordenado y estructurado (a., b. y c.) que cuando expones los puntos sin orden ni concierto.

**4.** Haz una introducción, un cuerpo y una conclusión. La introducción y la conclusión indican que la charla ha iniciado o que está a punto de finalizar. En la introducción di brevemente de lo que vas a hablar, por ejemplo: «Chicos, os explico brevemente en qué consiste la sesión de hoy». La introducción, aunque sea una frase, sirve para que la gente dirija la atención a tu discurso y desconecten de aquello en lo que estaban pensando.

En el cuerpo de tu charla debes introducir las ideas que quieres transmitir. Recuerda exponerlas ordenadamente.

Y en la conclusión, ofrece la idea final con la que quieres que se queden durante todo el entrenamiento. Acuérdate de agradecer la escucha en la conclusión o agradecer el trabajo de todos, siempre hace que la gente se sienta bien.

**5.** Los puntos que sean muy importantes, trata de enfatizarlos con el volumen, haciendo una pausa previa, generando interés y expectación.

**6.** Para favorecer la comprensión y atención por parte del grupo, hazlos partícipes. Lanza alguna pregunta, deja que resuelvan ellos las dudas. Pero siempre buscando su complicidad, no dejarlos en ridículo por no saber la respuesta. Se aprende más y mejor cuando los chicos interactúan en tu charla.

**7.** No des charlas larguísimas, ni te pierdas en detalles, ni repitas un mismo concepto varias veces. Aburre y, si se aburren, pierden la atención.

**8.** No hagas chistes fáciles, no los retes bromeando delante de sus compañeros, no hagas gracias, y cuidado con tus «vicios comunicativos», como las muletillas. Los que te escuchan lo perciben todo.

**9.** Comunica de forma clara y sencilla. No necesitas repetir tu discurso veinte veces. Con una vez es suficiente. Comprueba que te han entendido. Es desesperante tener a alguien que te lo repite todo. Si no hacen lo que les has pedido, no es porque no te hayan escuchado, sino por otro motivo. Antes de repetir otra vez tu discurso, cerciórate de cuál es la falta de motivación. Pudiera ser el aburrimiento, la propia dificultad de la tarea, no encontrar sentido a lo que les pides, cansancio físico o cualquier otra causa.

**10.** Sé muy cauto con tus palabras y expresiones. Los chicos no son incultos, tienen formación. Cada atropello gramatical o invención del lenguaje será motivo de distracción y de broma entre ellos. Si te das cuenta de que te has expresado incorrectamente, pide disculpas y corrige lo dicho. Las personas que se expresan incorrectamente pierden credibilidad entre los suyos.

**11.** No utilices expresiones «asesinas» del lenguaje. Son palabras categóricas como «siempre», «nunca», «tendrías», etc., ante las que los demás sacan un escudo para defenderse. Cuando nos expresamos de forma tan contundente, el interlocutor centra más la atención en cómo defenderse de lo que interpreta que es un ataque, que en darte soluciones a lo que le pides.

**12.** Durante tu conversación, evita los juicios de valor o anticiparte a lo que va a decir el otro («Sí, sí, ya sé lo que estás pensando, pero te sigo contando…»), cortar a la persona terminándole su frase, o menospreciar lo que te dice («Pero ¿eso te preocupa? Si es una tontería»).

**13.** Cuidado con tu estado emocional, porque se relaciona estrechamente con cómo hablamos. Si estás furioso, no es el momento de dar un discurso salvo que sepas controlarte bien. Las personas no podemos verbalizar todo lo que nos pasa por la mente. Hay veces que estamos tan enfadados que soltaríamos sapos y culebras por la boca. Pero en la mayoría de las ocasiones, cuando haces esto te arrepientes. Medir el tipo de palabras y valorar si luego puedes arrepentirte de ello es una conducta muy inteligente. Sé comedido, sobre todo cuando más enfadado estés.

**14.** La persona con la que estás hablando es una persona, no un saco de boxeo. No puedes descargar tu rabia ni tus miserias sobre ella. La vida tiene un efecto boomerang, y cuando hieres a alguien, te viene de vuelta. No porque te la tenga guardada, ni porque la persona sea rencorosa, sino porque el daño deja una cicatriz y automáticamente cambia la forma de relacionaros.

**15.** Cuidado con las muletillas y las palabras de relleno. Tienden a distraer y a motivar la burla por parte de quien escucha. En lugar de decir «Ehhhh…», buscando conectar con tu siguiente comentario, haz una pausa. Una pausa siempre genera expectación, y una muletilla, desinterés.

**16.** Sé justo en el trato y en tus comentarios.

**17.** Asegúrate de que te han entendido formulando una simple reflexión: «Espero haberme explicado bien y que se haya comprendido el entrenamiento de hoy. Si tenéis cualquier duda, por favor, es el momento de preguntarme».

**18.** Habla en términos positivos. Se puede enviar el mismo mensaje en tono positivo o negativo, fíjate en el ejemplo:

- **Negativo:** «Estoy cansado de que siempre cometáis el mismo error, parece que no os importe ni lo que os digo ni vuestra profesión». Este mensaje está formulado en un tono negativo, con juicios de valor, y no aporta soluciones. La idea es enviar un mensaje para que reaccionen, pero nadie atiende a lo que hay que hacer si no le dices cómo, y si inviertes más tiempo en criticar que en solucionar. La persona tratará de defenderse y justificarse. Es ley de vida, ante el ataque, la defensa.

- **Positivo:** la misma idea podría formularse así: «La manera correcta de hacer lo que os pido es… Necesito que os impliquéis con todos los sentidos, es importante hacerlo así para nuestro estilo de juego».

Reformula tus expresiones negativas por otras positivas, como aparece en la tabla:

| Expresiones negativas | Expresiones positivas |
|---|---|
| • Me enfada muchísimo cuando dejáis de… | • Me siento bien cuando me prestáis atención y hacéis… |
| • Así no, eso está mal, no os habéis enterado de nada de lo que os he explicado. O yo no me explico o pasáis de prestar atención. | • Tenemos que entrenarlo más, por algún motivo no lo estamos consiguiendo. Veamos por qué y si existen más dificultades de las que yo intuía. |
| • ¿Qué parte de la explicación es la que no entiendes? | • Espera, te vuelvo a explicar la técnica. Igual no nos entendimos bien. |
| • Cualquiera lo entendería, incluso los niños de primaria. | • Es sencillo de entender. Si prestáis atención ahora seguro que nos entendemos rápido. |

Existen muchas expresiones asesinas que solo buscan ridiculizar, expresar tu rabia, menospreciar, intentar motivar equivocadamente provocando a las personas, pero al final consigues todo lo contrario. Tu mensaje tiene que ser claro, directo y sin juicios de valor.

## Comunicación no verbal

La comunicación no verbal es muy importante a la hora de transmitir un mensaje. La expresión de tu cara, la orientación de tu cuerpo hacia tu interlocutor, poner los brazos en jarra o cruzarlos delante del pecho, tu forma de vestir y caminar. Cuando conocemos a alguien por primera vez nos hacemos una idea muy rápida sobre cómo es esa persona. La primera imagen nos condiciona el trato: ¿es elegante, formal, simpática, amable, cercana, divertida, seria, distante, arrogante? Sacamos conclusiones sobre el tipo de relación que podremos mantener con esa persona, y nos anticipamos pensando si será alguien de trato fácil o no, o si sus ideas políticas, religiosas y sus valores encajarán con los nuestros. La primera vez que vemos a alguien elaboramos un juicio que incluye su inteligencia, su edad, su orientación sexual, su estatus socioeconómico, sus valores, su grado de conformismo, su simpatía, sus capacidades e ideas religiosas y políticas. Y todo esto, sin intercambiar palabra.

La comunicación no verbal tiene mucho poder de convicción, más que la palabra. Cuando tu mensaje contradice lo que tu cuerpo y expresión facial están diciendo, tiendes a creer más lo que ves que lo que oyes. La mejor manera de ser convincente es adoptar la postura y los gestos adecuados al mensaje que estás transmitiendo. Estamos acostumbrados a mentir, aunque sean mentiras piadosas, con la palabra. Sabes decir que no cuando sabes que es sí, sabes negar la evidencia, sabes ocultar información cuando no te interesa que se sepa, pero ¿sabes cuál es la postura que tienes que adoptar cuando mientes? No lo sabes, conoces las palabras pero desconoces la comunicación no verbal.

No se trata de entrenarte para que sepas mentir con tus gestos, sino para que prestes atención a tu sonrisa, al contacto ocular, para que expreses emociones con tu cara, te acerques físicamente a quien te necesita, te vistas de forma apropiada si quieres ser aceptado en un grupo o dejes de tener automanipulaciones que tan nervioso ponen a los demás. Por automanipulaciones entendemos el rozar de una parte del cuerpo con otra, como tocarse la barbilla, rascarse la oreja, sobarse el pelo, dar golpecitos con un bolígrafo mientras hablas o darle vueltas a tu anillo en el dedo. Distraen a los demás e indican nerviosismo e inseguridad por parte de quien las realiza.

Tienes que estar especialmente pendiente de estas conductas no verbales:

- **El contacto visual.** Cuando hablamos con alguien debemos mantenerle la mirada. Cuando alguien no nos mira a los ojos podemos sacar varias conclusiones, entre ellas que nos está mintiendo, que no tiene el deseo de implicarse con nosotros, que es tímido o que no está seguro de lo que habla. Ninguna de estas conclusiones favorecen la credibilidad del emisor. Cuando miras a los ojos estrechas la relación, implicas a la persona, le transmites respeto y dedicación.

Cuando hables en el grupo, alterna la mirada y repártela entre todos, no te fijes solamente en el que te presta más atención o en los que tienes elegidos como titulares. Cuando mantienes el contacto ocular, las personas te responden concentrándose en tu discurso. Si dejas de mirarlos, interpretarán que no son importantes para ti y desconectarán.

• **La sonrisa.** ¿A quién nos acercamos antes en un grupo cuando acabamos de entrar en él y no conocemos a nadie? A quien nos sonríe. La sonrisa abre puertas en las relaciones sociales. La gente que sonríe tiende a caernos bien. A las personas risueñas les reconocemos el esfuerzo por agradar y valoramos ese esfuerzo. Las personas que sonríen parecen relajadas y felices, y todos queremos rodearnos de ese tipo de gente. Sonreír es gratis y contagia optimismo. No puedes sonreír si la circunstancia requiere otro tipo de expresión facial. No puedes sonreír cuando un jugador te está contando un problema personal que requiere de otra emoción para empatizar. Pero sí puedes sonreír el resto del día, ser simpático y amable con la gente. Incluso las noticias negativas se encajan mejor cuando te las dicen con amabilidad y una sonrisa sincera.

• **La distancia y la proximidad.** Todos a nuestro alrededor tenemos un círculo íntimo de un metro cuadrado aproximadamente que necesitamos para mantener unos límites con la persona con la que hablamos. Por eso cuando entramos en un ascensor con alguien y la falta de espacio nos obliga a invadir el espacio personal del otro, cortamos la conversación. No nos sentimos cómodos cuando los demás penetran en nuestro espacio personal, salvo que sea una relación íntima. Trata de respetar el espacio de los tuyos. No tienes que hablarles pegado a la oreja, ni estar todo el rato abrazándolo por el hombro para explicarle algo. Puedes hacerlo, sí, te da cercanía, pero no es una situación cómoda para todos. Estate atento a quien se separa de ti cuando te acercas de más. Es una señal a tener en cuenta. Te está diciendo que necesita espacio.

- **El contacto físico.** Hay circunstancias en las que esta violación de la intimidad se permite, como cuando estás defendiendo en el área y rozas o sujetas a la persona por la cintura. En cualquier otro contexto, sería un motivo para encararte. Los latinos somos muy comunicativos, pero permitimos pocos contactos físicos. Salvo el reconocimiento del médico o los círculos más cercanos, no siempre nos sentimos cómodos con quien te coge por el hombro o se acerca a ti más de lo socialmente permitido.

- **La imagen.** Cuidar tu imagen incluye tu ropa, complementos, peinado, zapatos, la higiene personal, el cuidado de manos, uñas y dientes, etc. Los jugadores le sacan punta a todo. Es normal, son jóvenes, se divierten y tienen sentido del humor. Eres su principal punto de mira. Cualquier anormalidad en tu forma de vestir, calzar o peinarte será motivo de burla. No les des cancha. Comentarios como «lo peinó una vaca a lametazos», «se le pasó el arroz para ir así vestido», «pero si lleva dos tallas menos de pantalones», son comentarios de lo más normal. Para ser extravagante, no llamar la atención y ser respetado, tienes que tener o mucho estilo o mucho carisma.

Recuerda que la imagen que damos a los demás les da señales de cómo queremos ser tratados. Una imagen muy seria y formal pone distancia, y una imagen muy informal, genera cercanía pero también informalidad.

Tu imagen también es modelo de conducta. Quieres que estén en forma y coman de modo correcto y que estén en su peso. Trata tú también de dar ejemplo.

- **Tus andares y tu postura.** Camina con seguridad, con la espalda recta, seguro de lo que vas a transmitirles. Si te encorvas y te encoges, tu mensaje pierde significado e intensidad. El que tiene las ideas claras, también gesticula, camina y se presenta con seguridad. Cuando vas a hablarles, no escondas las manos en los bolsillos. Las manos dan mucha información, ni las coloques detrás de la espalda. Si no sabes gesticular y mover las manos acompasando tu discurso, apoya una mano a la altura de la cintura y que el otro brazo cuelgue de forma natural. Meter las manos en los bolsillos, ponerlas en jarra, colgar los pulgares de las presillas del cinturón, indican arrogancia, superioridad o excesiva familiaridad si no se hacen con una gran naturalidad.

- **El apretón de manos.** Nadie quiere que le dé la mano una babosa. Un apretón de manos indica seguridad, pero sin que te rompan los dedos. Da la mano con ganas.

## Comunicación paralingüística

Imagina una llamada telefónica de alguien que no conoces: una entrevista para algún medio de comunicación. Es una voz dulce, melosa, musical, una sonrisa preciosa, te parece interesante... ¿Cómo es físicamente la mujer de esa voz? Guapa. No la has visto, pero imaginas a alguien atractivo. Enseguida asociamos a una voz bonita, con buen tono, con el volumen adecuado, con musicalidad, a un físico exuberante y sexy. A la inversa, también. Y da igual que sea hombre o mujer. Las cualidades de la voz nos afectan para crearnos una imagen positiva o negativa de la persona cuando no la conocemos.

La comunicación paralingüística nos permite transmitir nuestros estados emocionales, sin utilizar palabras y gestos. Comprende el volumen, la tonalidad, la velocidad, la acentuación, la entonación, las muletillas, la fluidez verbal y las pausas del habla.

Cuando nos emocionamos, hablamos más alto, enfatizamos más y nos expresamos con mayor rapidez. Todos estos cambios se realizan de forma inconsciente. No te paras a pensar «estoy feliz, irradio alegría, voy a elevar mi volumen». Nos surgen de forma natural.

La comunicación paralingüística convierte la comunicación en interesante o en aburrida. Porque no hay nada más triste que escuchar a alguien dar una noticia o una charla en estilo «aprosodia». Técnicamente hablando, la aprosodia es un trastorno neurológico que afecta al área de Broca y que impide que la persona se exprese con la emoción adecuada. En la vida cotidiana y en relación con la comunicación, decimos que un habla aprosódica es aquella que está falta de emotividad, como si dijeras todo en el mismo tono, no hay picos y bajadas, es lineal. La aprosodia se entendería como la falta de ritmo y entonación en la información. La comunicación aprosódica convierte lo que dices en algo vacío de sentimientos, apático. Trata de recordar cómo oíste y viviste la radiación del gol de Iniesta que nos convirtió en campeones del mundo. Seguro que se te está iluminando la cara: fue en un volumen muy alto, agónico, emotivo, repetitivo, efusivo, vibrante, enérgico, con garra y muchas cosas más. Y todas estas deducciones las sacamos por la forma en que se narró. Imagínate al médico de turno que sale en rueda de prensa a dar el parte sobre un enfermo cuando el enfermo es noticia. Se coloca delante de los periodistas, y como quien no siente ni padece, y trata de ser objetivo, profesional y técnico, te dice el estado en el que se encuentra el enfermo. Imagina ahora el gol narrado por el médico, en ese mismo tono… ¡no es lo mismo! La responsabilidad de que no sea lo mismo corre a cargo de la comunicación paralingüística, que puede cambiar completamente el sentido y significado de una frase.

Cuando te enfadas o estás frustrado, estos parámetros cambian, igual que cuando transmites seguridad y entusiasmo. ¿Qué deberías evitar? Los mensajes con duda. La duda debilita a tu jugador, y te debilita a ti. Estés enfadado, triste o alegre, transmite siempre con seguridad. Trata de tener un volumen alto pero no estridente, habla con pausas, no titubees, no te atropelles, entona, transmite energía pero no rabia. Juega con todos los elementos de la oratoria y vive la experiencia de transmitir. No te recrees en escucharte a ti mismo, se trata solo de que les llegue el mensaje.

Cuando estés decepcionado o enfadado, piensa que un exceso de negatividad o tristeza puede impactar de muchas formas en ellos, incluso debilitar su autoestima. Cuidado con la negatividad y con dejarte llevar por las emociones. Que te sientas de una forma determinada no significa que tengas que contagiarlo a los demás o que se tengan que sentir partícipes o responsables de tu estado emocional. Transmite, más que emociones, soluciones, y pide que te aporten ellos las suyas.

En general, un habla rápida puede indicar alegría, sorpresa, pero también enfado. Por el contario, un habla lenta indica aburrimiento o tristeza.

Todas las perturbaciones del habla, como los titubeos, muletillas, repetición de la última letra de una palabra, etc., indican nerviosismo o inseguridad.

Hay personas a las que alguna vez les hemos dicho que por qué hablan tan alto, o de forma tan categórica. Son estilos de comunicación que, por su paralingüística, dificultan la comunicación fluida. Nadie puede justificarse en su pasión o su supuesta razón para transmitir de forma que incomode a los demás. Si eres de esas personas «pasionales», trata de serenarte un poco para que los demás disfruten de tu conversación y puedan charlar contigo en un tono relajado. Y no te excuses en «yo es que hablo así». Todos podemos cambiar si supone una mejora en la calidad de nuestras relaciones personales. En la interacción, tú tienes que sentirte a gusto, pero tu interlocutor, también.

## Ensaya, ensaya y vuelve a ensayar

Si en algún momento tienes que dar una charla muy importante, ensaya. O si dudas en tus exposiciones o te pones nervioso, ensaya. Como lo hacen los actores de cine y teatro. Nadie sale a escena sin haberlo entrenado. Cuanto menos dejes a la improvisación, mejor. Una vez tengas tu esquema y tus ideas principales, repítele tu mensaje al espejo o a alguien de confianza. Pregúntale por los fallos, cerciórate de que lo que quieres transmitir es lo que llega a tu interlocutor, pregunta si ha sido emotivo, seguro, sincero, honesto o cualquier otro objetivo que busques. Si no tienes nadie con quien ensayar, grábate. La tecnología de los móviles actuales nos permite grabar con una calidad altísima. Si te grabas, te darás cuenta de muchos fallos de la oratoria, como las muletillas «vale», «esto», «naturalmente»… que podrás corregir.

La mejor manera de corregirlo es elegir un elemento de la comunicación, solo uno, por ejemplo «dejar de decir "vale"» y volver a repetir tu charla siendo consciente de no decir esta palabra. Como quieras corregir varias cosas a la vez, se te olvidarán y no corregirás ninguna.

No dejes nada de lo controlable a la improvisación. El futuro de por sí es incierto, así que todo lo que puedas llevar ensayado, como lo haces con la estrategia en los partidos, mejor.

## Barreras de la comunicación

No siempre se puede mantener una reunión cuando es el deseo de uno, ni llamar por teléfono cuando a las doce de la noche se te ocurre una idea brillantísima, ni la gente puede estar siempre disponible cuando tú lo deseas. Existen una serie de barreras que dificultan la comunicación. Son momentos, circunstancias, horarios, estados físicos y emocionales que dificultan que tú o tu oyente estén receptivos al mensaje.

Las barreras de la comunicación pueden deberse al que escucha, al que habla, al propio mensaje o a otro tipo de circunstancias:

Tanto en el emisor como en el receptor influyen:

- Los valores y las creencias: las personas percibimos lo que escuchamos y lo que decimos en función de nuestras experiencias, de nuestro sentido del bien y del mal, de lo que es justo y lo que no lo es, etc. Y nos condiciona a la hora de expresarnos y de entender al otro. Tendemos a pensar que el otro se equivoca cuando lo que escuchamos no coincide con nuestra filosofía o forma de ser. Las realidades distintas las interpretamos como realidades fuera de lugar o equivocadas.
- Los estados emocionales como el cansancio, estar nervioso, triste o muy alegre. Estamos continuamente filtrando la información que recibimos. Los estados emocionales también son filtros. Si estás triste, tiendes a quedarte con la parte más negativa del mensaje, y si estás eufórico, tiendes a hacer lo contrario.
- Los prejuicios. Todos juzgamos todo durante el día. Tenemos prejuicios que nos condicionan el trato y la escucha. No le prestas la misma atención, ni le dedicas el mismo tiempo a quien, de entrada, ya has prejuiciado de forma negativa.
- Empatía. Ser empático supone entender al otro desde «su» punto de vista. Entenderlo desde el tuyo es una tarea bastante sen-

cilla. No tienes que aceptar, pero sí tratar de comprender y ponerte en sus zapatos.

• Falta de habilidades, tanto para expresarte como para escuchar. La carencia de fluidez verbal, las dificultades en la oratoria, no manejar el lenguaje con seguridad o no saber escuchar.

• La falta de atención o de interés, sobre todo por parte del receptor. Muchas veces tus jugadores tendrán que escuchar algo que no les convence. La persona que dirige, manda. Así que no les queda más remedio que escuchar. Si detectas que tu mensaje carece de interés, esfuérzate por aprender a motivar o buscar un contenido que enganche. Si las personas están presentes de cuerpo pero no de mente, tus palabras caerán en un pozo. La gente pondrá el piloto automático mientras tú hablas. Esfuérzate en cambiar tu discurso, que no sean siempre las mismas ideas año tras año. Conozco jugadores que se han vuelto a encontrar con un entrenador que tuvieron hace diez años y al escuchar sus charlas es como si estuvieran reviviendo la temporada hace una década. Esto es muy aburrido. Ponte al día, lee, infórmate, cambia tu discurso o al menos el orden del mismo. Hay personas a las que se las podría parafrasear, de lo predecibles que son.

En el propio mensaje también podemos encontrar barreras:

• Puede que la información sea compleja. Esté cargada de tecnicismos, te expreses con frases muy largas o sea un discurso desordenado.

• No te pierdas en los detalles ni omitas información importante. A veces, de tanto repetir el mismo mensaje, vas acortando tu discurso. Revisa que no hables de más ni de menos.

• No des por sentado que los que te escuchan ya saben cosas que puedes dar por supuestas.

Controla también otras circunstancias como:

• La hora. No dispones del tiempo de los tuyos. No pongas reuniones a la hora de la salida, a la hora del almuerzo o cuando los jugadores puedan haber hecho planes. Estarán más pendientes de que se tienen que ir, de que sus hijos les esperan a la salida del colegio, que de atenderte.

• Cerciórate de que el ordenador funciona, los altavoces se oyen y la pantalla se ve, o de que no haya ruidos que dificulten tu mensaje.

## El arte de criticar y recibir crítica

Expresar desagrado o enfado tiene su qué. Es una habilidad, y si se carece de ella puede llevarte a reprimirte en muchas ocasiones o a tener grandes conflictos por criticar de forma destructiva. No puedes guardar en tu mochila los agravios o lo que crees que debes corregir, pero hacerlo de forma correcta te asegura un nivel de éxito mayor.

No nos enseñan a corregir de forma asertiva. Así que cada líder lo va haciendo por su instinto natural, por lo que lee, por lo que recibe de otros modelos o por la educación recibida. Lo cierto es que no es nada fácil decir a los demás lo que no te agrada, es un mal trago. Pero cuando tienes las habilidades para realizar la crítica de forma asertiva, todo es más fácil.

Cuando escuchamos a entrenadores enfadados, sentimos como se mezcla la pasión con la corrección. Se sube el volumen, los ojos se salen de las órbitas, se les hincha la vena del cuello, gesticulan arriba y abajo con los brazos, algunos volean botellas y se enojan de más. La consecuencia de esta sobreactuación es la ansiedad en quien recibe este trato. Y la tensión e inseguridad que genera la ansiedad son la antesala de nuevos errores. Nadie se siente seguro cuando recibe un discurso amenazador en el que se le llega incluso a ridiculizar. Necesitas corregir a los tuyos para que aprendan, no para que se sientan fracasados y culpables de sus errores.

Puedes seguir estas pautas para corregir de forma constructiva:

• Valora si lo que vas a criticar tiene probabilidad de repetirse otra vez. Si crees que es algo pasajero, pasa.

- Si lo que vas a decir no tiene utilidad, ¿para qué lo vas a decir? A veces se corrige por pura rabia, pero son comentarios vacíos, que no cambian nada y solo aportan emociones negativas.

- Corrige en función de lo que el jugador hace o deja de hacer, corrige su comportamiento, su juego, su conducta, no a su persona. No critiques a la persona. En lugar de decirle «Eres malo», di: «concéntrate en el saque de esquina, tienes que estar encima». Con este tipo de crítica, la persona sabrá lo que tiene que hacer o dejar de hacer. Si le dices lo que «es», además de no saber cómo ser mejor, le estarás etiquetando. Las etiquetas hacen mucho daño y debilitan la autoestima del jugador. Lo encasillas y cae en la profecía autocumplida: «Si dice que soy malo es que debo serlo», y a raíz de esta suposición se comporta así, como un jugador de baja calidad.

- No solo corrijas, ofrece soluciones. Tú estás muy seguro de que el jugador sabe lo que esperas de él, pero no siempre es así. Por despiste, por ignorancia, por falta de atención, por cualquier otro motivo. No siempre el jugador sabe lo que se espera de él, y aunque lo sepa, no está de más repetirlo. No se lo digas con ironía o burla: «¿Cuántas veces tengo que repetirte que estés encima? La cera del oído, bien, ¿no?». Esta pregunta sobra por completo. En lugar de hacer que se sienta ridículo, sería más sencillo decirle: «Necesito que estés encima, es muy importante para mi sistema de juego, gracias».

- Tu «cómo» es importante, casi más que tu «qué». Habla en un tono y volumen conversacionales, como si no estuvieras regañando. No hay ningún manual que diga que para corregir tengas que elevar el volumen y mostrar agresividad.

- Cerciórate de que te ha comprendido, pero sin suspicacia. Muchas personas se ponen nerviosas cuando les están criticando o regañando. Los propios nervios dificultan la comprensión del mensaje.

- Interrumpe la conversación si crees que puede acabar en disputa. No siempre os encontráis los dos en el momento ideal para criticar o recibir la crítica. Si ha sido un mal día, existe algún problema personal o la persona está cansada, es mejor dejar la crítica para un momento más oportuno.

- Acaba la charla con un comentario positivo. Siempre hay algo positivo que destacar. Si no lo hubiera, por lo menos da las gracias por haberte escuchado.
- Muéstrate dispuesto a escuchar el punto de vista de quien es criticado.

Si eres tú a quien están criticando algo, no te pongas a la defensiva. Y escucha. La crítica no es un ataque, es una petición de cambio, una necesidad o una llamada de atención. La persona ha decidido pasar por el mal trance de hablar sobre un conflicto contigo. Así que deduce que puede ser importante para esa persona. Abre los ojos y los oídos y...

- Reconoce la parte de la crítica que sea verdad. No tienes que justificarte. Basta con un simple «Tienes razón, no me di cuenta. No fui justo ayer en el trato contigo y te pido disculpas».
- Reconoce la parte de la crítica que sea verdad, aunque las formas no sean las correctas: «Tienes razón en lo que estás diciendo, pero sería genial que pudiéramos tener esta conversación en otro clima más cómodo para los dos».
- Reconoce el derecho a criticar pero no le des la razón si según tu punto de vista no la lleva: «Puedo entender que tú veas las cosas desde tu punto de vista, pero no veo que mi decisión estratégica sea un error».
- También puedes optar por reconocer que lleva razón con la crítica, pero decidir no cambiar: «Tienes razón, podría realizar entrenamientos más creativos y divertidos, pero me gusta hacerlo como lo hago».

Realizar crítica de forma constructiva o encajarla bien no evita el conflicto, pero sí lo minimiza mucho. Las personas queremos relacionarnos con la gente respetuosa, comedida, educada, que valora el factor humano por encima de la fuerza de sus emociones de rabia. Nos gusta sentirnos cómodos en la comunicación, incluso cuando la noticia que recibes es negativa.

## Comunicarte a través de las redes sociales

La forma de comunicarnos ha cambiado. No hay duda. A través de las redes sociales estás expuesto a cientos de miles de personas que te leen, opinan sobre ti, hacen juicios de valores, te apoyan o te destronan. Las redes sociales tienen mucha fuerza y no necesitas ser un entrenador de Primera División ni el director de una multinacional para tener presencia en las redes. Basta con que digas cosas interesantes para que a la gente le interese leerte.

La mayoría de consejos que expongo a continuación, son aplicables a tus intervenciones en público, como las ruedas de prensa:

- Sé discreto.
- Trata de no ganarte a la gente con memes y bromas continuas. El respeto en las redes se gana con información honesta, veraz, contrastada, interesante y sencilla de leer.
- Prepara el mensaje. Qué quieres comunicar, por qué y a quién va dirigido. Ten esto en cuenta antes de lanzarlo.
- Sé reflexivo. No escribas por impulsos o emociones. Analiza cada mensaje antes de lanzarlo al espacio virtual.
- Piensa si puede herir o hacer que alguien se sienta ofendido. Si tienes dudas, guarda el mensaje en borradores y vuelve a leerlo cuando tu estado de ánimo sea distinto.
- Sé oportuno. Hay personas que escriben comentarios muy inoportunos, en el momento menos adecuado.
- Sé gramaticalmente correcto.
- No hables solo de resultados, hazlo también del esfuerzo que os ha costado conseguirlo.
- No te comuniques solo cuando las cosas van bien y te escondas cuando van mal.
- No critiques NUNCA a ningún jugador, alumno o trabajador, ni hagas comentarios que puedan ser ofensivos a través de las redes. Por supuesto que tampoco debes hacerlo en ningún tipo de situación pública.
- Habla en términos de «nosotros» en lugar de «yo».
- Sé agradecido con la gente que trabaja para ti.

- Twitter, FB o Instagram no son las plazas para resolver problemas. No piques o lances comentarios con segundas o intencionados. Lo que tengas que resolver o contestar, trata de que sea cara a cara. Es una conducta más valiente.
- No des cancha a las personas que te falten el respeto. No entres al trapo. No sabes qué grado de desinhibición tiene la persona, si tiene algún trastorno mental o no, o si simplemente desea hacer daño. Ignora, aunque te sientas ofendido, los comentarios que no tienen sentido o que atentan contra ti de forma completamente injustificada. Cada vez que respondes, les das publicidad.
- No culpes al árbitro, a la falta de empuje de la afición o a otras circunstancias de las derrotas.
- Si no sabes qué decir, no digas nada. No estás obligado a escribir cada cierto tiempo.

La comunicación es la base de todo. Ningunearla o dejar de entrenarla por ser algo natural es menospreciar una herramienta que puede convertirte en más líder de lo que eres. Las personas carismáticas se comunican con convicción, seguridad y de forma socialmente habilidosa.

## Habla el míster

*Cualquier líder, entrenador, formador o gestor de grupos debe ser un buen comunicador, no solo una persona que tenga facilidad de palabra, sino que su mensaje sea claro y «llegue» a sus jugadores, seguidores, alumnos, discípulos... Tienes que cerciorarte de que es así, porque de otro modo tu explicación, tu mensaje, cae en saco roto. Quieres transmitir, quieres «llegar» para que te entiendan, y muchas veces no es fácil por diferentes motivos. Debes controlar los que dependan de ti, como el don de palabra, el tono de voz, el lenguaje corporal, la seguridad de tus palabras...*

*Una forma de asegurarte que te entienden y de que tu mensaje llega es el de pedir a alguno de tus «oyentes» que te ayude a explicar a sus compañeros el mensaje expuesto. Con ello* consigues que todos estén pendientes de tu explicación —nadie quiere pasar el apuro de no saber la «respuesta» delante de los compañeros—, y te aseguras de que, si no lo entienden, pregunten. Es una «táctica» muy útil, sobre todo en pretemporada, cuando explicas cómo quieres jugar y los aspectos tácticos, tanto por posiciones como de forma grupal.

Uno de los grandes problemas de los entrenadores que ejercen su profesión fuera de su país es precisamente la comunicación, sobre todo si no se domina el idioma del país donde trabajas. Incluso si dominas el idioma, nunca va a ser como cuando te expresas en tu lengua materna. Tuve esta experiencia en Tel Aviv; empecé las charlas con los jugadores en inglés pero me di cuenta de que había muchos jugadores que no entendían el idioma —mi nivel tampoco es el de ahora— y se perdía mucho mensaje. Consulté con los jugadores y me comentaron que se sentirían mejor con el hebreo. Yo aprendí unas palabras, pero no para dar las charlas o explicar la filosofía o los entrenamientos o los objetivos, y entonces decidimos coger a un traductor. Hicimos algunas entrevistas a candidatos potenciales y nos decidimos por el que más conocimiento de fútbol tenía. La razón está clara, queríamos que se perdiera lo menos posible del mensaje. Tuve muchas charlas con él para que entendiera lo que quería transmitir y conseguimos una buena conexión, que los jugadores agradecieron. Tuve la suerte de que había un par de jugadores hebreos que hablaban español y así podía comprobar cada vez cómo había llegado el mensaje. También es muy útil en este tipo de situaciones el uso del vídeo.

Otro factor a tener en cuenta para ser un buen comunicador es la confianza con la que se habla. Esa seguridad se transmite a los «oyentes» y tu mensaje llega con mayor «claridad». Tienes que ser el primero que te creas lo que quieres transmitir, y transmitirlo con seguridad es la mejor manera de que tu discurso tenga el efecto que tú deseas. En esa seguridad tiene mucho que ver el tono de tu voz y el lenguaje corporal. He tenido muchos entrenadores que diciendo lo mismo no llegaban de la misma manera a los jugadores, y dependía de una cuestión tan simple como el tono de voz y, sobre todo, del lenguaje corporal. Un ejemplo muy claro de maneras de liderar lo podemos ver durante los partidos o las competiciones, en las actitudes en el banquillo de los entrenadores… Muchos pierden credibilidad debido a su lenguaje corporal, algunos se creen que por gritar más o gesticular mucho van a sacar más provecho de sus jugadores. Hay momentos para todo, pero no puedes estar siempre enfadado, siempre molesto o siempre negativo, porque eso se transmite y es lo que proyectas. Es una faceta en la que muchos entrenadores debemos y podemos mejorar.

Soy de los que creen, desde que era jugador y por experiencia propia, que, por ejemplo, las charlas de antes del partido no deberían durar más de 15 minutos seguidos. Está comprobado que la mente humana puede permanecer durante ese tiempo máximo concentrada al cien por cien escuchando sin pensar en otra cosa que no sea en lo que dice el «narrador». Todo lo que pase de ese tiempo, puede perder efectividad ya que se inicia la desconexión de los oyentes o jugadores. Uno de los momentos más esperados para los futbolistas en las charlas previas a los partidos es cuando el entrenador da la lista del once inicial. Hay muchos entrenadores que lo mantienen en secreto hasta una hora y media o dos horas antes del partido. Yo soy de esos porque me ayuda a tener a todos los jugadores durante la semana con la tensión necesaria, porque no saben si van a jugar desde el principio o no. Hay muchas versiones y opiniones acerca de lo que es más apropiado, pero cada uno puede utilizar la que mejor le funcione. A mí, particularmente, me gusta dar la alineación después de la explicación de cómo vamos a jugar, casi al final de la charla, pues tengo comprobado que si das la alineación al principio de la charla, la mayoría de los jugadores que no salen de inicio, desconectan, y es importante que todos los que puedan asistir al partido desde el campo sepan cómo juega el rival y lo que queremos hacer en ese partido. De ahí la importancia de decidir qué momento es el más idóneo para dar la alineación de los que van a formar parte del once inicial.

ÓSCAR GARCÍA

# 9

# Los valores son nuestra identidad

Quienes educan bien a los niños merecen recibir más honores que sus propios padres, porque estos solo les dieron vida, y aquellos, el arte de vivir bien.

ARISTÓTELES

El deporte te educa para la vida. Es uno de los objetivos que tienen muchos padres cuando inscriben a sus hijos en un club. No solo se pretende que aprendan a jugar al baloncesto, a nadar, o a realizar el salto de altura, sino que se eduquen para ser personas generosas, trabajadoras y disciplinadas.

La exhibición de coches caros, mujeres espectaculares, casas de millonarios y vacaciones increíbles que se muestran en los medios de comunicación, empobrecen el valor del sacrificio y el trabajo que estos jugadores han tenido que realizar para llegar a lo más alto. Muchos niños desean ser grandes deportistas, alentados por sus padres no solo por la habilidad que tienen en su deporte, sino por las ganancias colaterales: reconocimiento social, admiración y dinero, mucho dinero.

El aspecto materialista encumbra todos los valores en los que se educan los niños en el deporte, y que son imprescindibles para su desarrollo, para poder pertenecer de forma sana a la comunidad deportiva y para desarrollarse como ciudadanos. La inmensa mayoría no llegará a ser Cristiano Ronaldo, pero habrán aprendido a disfrutar, a tener unos límites y unos horarios, a respetar y dar la mano al rival, a cumplir con las normas del árbitro, a saber ganar y perder, y muchos otros valores.

Como entrenador, padre, maestro o jefe de grupo, no solo tendrás que conseguir dar instrucciones sobre la técnica, la táctica y el entrenamiento, y conseguir rendimiento, sino que entre tus roles también está el de formador. Debes saber entrenar y educar a jugadores, pero, sobre todo, formar a personas. A ser posible, personas de bien, con buenos sentimientos y mejores intenciones.

Igual que estableces objetivos deportivos para alcanzar los resultados, para educar en valores necesitas establecer objetivos que definan la actitud, educación y filosofía que intentas transmitir en tu grupo. Estos segundos son objetivos relacionados con la convivencia, el saber estar y el saber ser dentro del grupo. Son tu huella, definen tu calidad como líder, tu personalidad y humanidad.

He escuchado muchas veces a jugadores decir acerca del entrenador: «Técnicamente no me aportó mucho, pero nos comprendía, nos trasladaba muy buen rollo, sabía corregirnos y se preocupaba mucho por el grupo». El entrenador completo es el que te aporta conocimientos deportivos, y, además, es un gestor de personas y de valores.

Complementa tu entrenamiento deportivo con la educación en:

**Educar con el ejemplo.** El primer valor con el que tienes que educar es el de la ejemplaridad. Tú eres el escaparate de todo lo que aprenden los chicos. Tú eres la bandera, la insignia y el modelo de conducta. Haz lo que yo te digo pero no hagas lo que ves en mí, lleva a la contradicción y a la desconfianza. Todo aquello que exijas de tu grupo, tienes que ser capaz de reproducirlo y hacerlo tú.

Cuando elijas a tus capitanes, elígelos entre otros conceptos, por sus valores. Jugadores que sepan templar emociones y comunicarse sin agresividad, que piensen en el bien de todos, que luchen y se esfuercen por el grupo, que sean disciplinados y cumplidores. Jugadores en los que los más jóvenes quieran verse reflejados.

**Respetar.** El respeto consiste en ser educado y considerado, y en cumplir con las normas establecidas, incluso cuando no las compartes. No se desea el mal al rival, se habla con palabras y expresiones adecuadas, se felicita al contrario cuando se gana y cuando se pierde, se da las gracias a los que facilitan el juego, no solo a los compañeros, sino al árbitro, al utillero y a todo el que interviene para que el niño pueda jugar. Si como entrenador contradices al árbitro, levantas la voz, ridiculizas a tus jugadores, menosprecias al rival, ninguneas las fortalezas de los demás, te comportarás de manera irreverente e irrespetuosa. Recuerda, el ejemplo es el primer valor.

Incluye en tu código de conducta de forma muy detallada, qué se entiende por faltas de respeto y sanciónalo. Los niños y jóvenes tienen los límites que tú les pongas. Sentar un precedente con la falta de respeto e indisciplina es un grave error.

**Ser buen compañero.** El compañero de equipo es alguien que lucha por lo mismo que tú, que tiene el mismo objetivo grupal, defiende la misma camiseta y escudo y se alegra por las mismas victorias. Los equipos generosos y comprometidos son equipos en los que todos dan un plus, se prestan ayuda entre ellos y nadie deja de hacer cosas por pasotismo. Fomenta que los miembros de tu equipo se lleven bien, que colaboren y cooperen, más que compitan. Y que aprendan que trabajando en la misma dirección se alcanzan antes las metas. Hay muchas dinámicas que muestran los beneficios del trabajo en equipo.

No se insulta al compañero cuando se comete un error, sino que se le apoya. Enseña a tus chicos a ofrecer palabras sinceras de ánimo y a estar unidos en los malos momentos. Trata, después de cada derrota, de que canalicen sus emociones y de que no se vayan del vestuario enfadados. Muchos deportistas se comportan de forma arrogante en la derrota, no dan las gracias a los que les apoyan, desconectan por completo sin dar señales de vida y ese comportamiento hace sentir mal a los demás.

**Tolerancia a la frustración.** Si solo les inculcas el objetivo de ganar, los niveles de frustración de tus chicos serán altísimos. Porque en la vida unas veces se gana y otras no. Y no siempre hay una relación directa entre esfuerzo y triunfo. Sí la hay entre esfuerzo y hacer las cosas bien, pero cuando intervienen otras variables como el juego del rival, tienes que trabajar con ellos la importancia del trabajo más que de la victoria. Enséñales a encajar los reveses, a sentirse orgullosos del esfuerzo y la participación de todos, de haberlo intentado y disfrutado, pero no del resultado. Las derrotas están para analizarlas y aprender de ellas, pero no para recrearse en el triste final. Hay que aceptar que la derrota forma parte del juego, porque cada año, si haces deporte, en muchas ocasiones tendrás que perder. Perder no es el contratiempo, ni la excepción, perder también forma parte de la regla.

**Tener límites.** Los niños nacen sin un marco de referencia que acote lo que pueden hacer y lo que no. Los límites los ponemos los educadores: maestros, padres o entrenadores. Son necesarios para el funcionamiento de los chavales y el cumplimiento de las normas. Las reglas del juego son límites, el código de conducta del vestuario también establece vuestros límites y todo lo que decidáis como grupo. Las personas nos ordenamos gracias a las rutinas y al conocimiento de lo que podemos y no podemos hacer. Ejemplos de límites son la puntualidad, las buenas maneras para no decir comentarios ofensivos que pueden hacer daño en el vestuario, tener autocontrol para no subir el volumen de la voz, recoger el material o, por parte tuya, no permitir deferencias con jugadores porque necesitas su talento para tener éxito grupal. Los niños y los adultos somos animales de costumbres, así que no sientes precedentes que perjudiquen la asimilación de los límites. Cada vez que haces una excepción, sientas un precedente, y con ello generas un futuro conflicto. Lo que favorece que se respeten los límites es tu justicia, ser un modelo, la rutina que estableces y no hacer excepciones, ni con las reglas ni con los jugadores. Los límites son innegociables. Por eso son límites.

**Asumir responsabilidades**. Existen responsabilidades para cualquier edad. Desde recoger el material, llegar a la hora, ocuparse de preparar la bolsa de deporte en casa, hasta las de mayor grado como son las labores de un capitán. Educarles en la responsabilidad les ayuda a madurar. Si todos cumpliéramos con nuestras obligaciones no necesitaríamos tanto sistema de control. Cuanto más sensato sea tu grupo y más autonomía tenga, menos tendrás que preocuparte por actividades no deportivas. Para que los chicos asuman su responsabilidad tienen que conocer por qué es importante esforzarse, cuáles son los beneficios individuales y de equipo y cuáles son las consecuencias si no se cumplen. Si les perdonas o les proteges cuando no son responsables, potencias y refuerzas su irresponsabilidad. Si tu hijo olvida meter la toalla en la bolsa de deporte, tendrá que buscarse la vida en el vestuario para secarse. Si les protegemos de más, no se darán cuenta de que no cumplir con las responsabilidades tiene una consecuencia. Y no tendrá sentido aprender a ser cumplidor. Realmente es más cómodo no serlo y que otros hagan las cosas por ti.

**Juego limpio.** Hay que educar para que las personas a las que diriges digan la verdad, para que sean honestos y no hagan trampas. No enseñes el juego sucio, «el otro fútbol», el ser listo a costa de las reglas del juego y el *fair play*. No vale ganar a cualquier precio. Cada vez que alguien se comporta de forma deshonesta, pierde credibilidad, y en el mundo profesional y de la formación, enseguida se descubren a los que no juegan limpio. Recuerda lo importante que son las expectativas y los juicios de valor. En cuanto alguien te etiquete como «este siempre se tira en el área», te evaluarán en función de tu etiqueta. Y el día que sea verdad, perderás la oportunidad de que te piten con justicia.

Vivimos en un mundo negativamente ambicioso. Y es que ser ambicioso es positivo, siempre y cuando te superes conforme a tu esfuerzo y trabajo, no por engañar o poner la zancadilla a los demás. Hay personas con tan poca valía y tan mediocres, que necesitan descalificar y hacer trampas para poder sobresalir. Educa a tus jugadores para que compitan en igualdad de condiciones, aunque eso suponga perder. Valora y refuerza al niño, al jugador, al alumno y al trabajador que es honesto, que reconoce su error, que te dice «fui yo». Y para promover la verdad y eliminar la mentira, da las gracias cuando alguien sea franco contigo. Dile lo mucho que valoras su valentía. No te enfades, castiga si es pertinente, pero no te comportes de forma que decir la verdad se convierta en algo temeroso.

Nadie quiere enfrentarse a lo que le da miedo. Y si ser sincero te expone a una situación de pánico, te engañarán. Cuando alguien confiese algo que está mal, enséñales el comportamiento correcto, no te quedes solo en el castigo o la sanción. Di lo que esperas de él en la próxima situación.

**Ser justo.** Ganar no debe estar nunca por encima de la seguridad de los tuyos y la justicia en el trato. Hay jugadores determinantes, trabajadores que son la pieza clave, alumnos que dejan al colegio en un buen lugar, a los que a veces les permitimos según qué licencias porque los necesitamos. No tengas contemplaciones y pídeles que cumplan el mismo código de conducta y normas que tiene todo el grupo. Y tranquilo, tu jugador es brillante porque su grupo también lo hace brillante. Os necesita a todos para dar lo mejor de sí.

Ser justo también implica premiar en función del esfuerzo, la constancia, el trabajo, la generosidad y no solo del número de goles que alguien marca.

Ser justo supone darle a cada uno su sitio, valorar el compromiso y la dedicación al escudo y la camiseta, saber quién sufre y merece minutos de gloria y a quien dirigirte porque necesita palabras de ánimo.

**Esfuerzo, sacrificio y trabajo.** La sociedad en la que vivimos, en la que todo está al alcance de la mano a la velocidad de un clic y en la que todo se ha convertido en inmediato por las nuevas tecnologías, no favorece el aprendizaje del valor del esfuerzo. El esfuerzo implica invertir tiempo, dedicación, cansancio, frustración, intentarlo de nuevo para luego alcanzar la meta. No hay ningún niño que haya aprendido a montar en bicicleta sin haberse caído y haberse hecho daño. Pero la motivación por aprender y hacer lo que hacen tus amigos les lleva a invertir esfuerzo y dejar cuatro lágrimas de lado para subirse otra vez en la bici. Entre el deseo y el objetivo existe un largo camino en el que interviene la actitud. Pero el nivel de bienestar y calidad de vida hacen que la distancia entre deseo y meta estén cada vez más cerca, y en lugar de ser la actitud la protagonista, lo es el dinero. Los niños abren la boca y los padres compran. No se les inculca el «te lo tienes que ganar».

En esta falta de esfuerzo subyace la idea de que el niño se va a frustrar, el deseo de verlo callado para que no moleste a los mayores o que no se compare con otros compañeros que tienen lo que él te pide. Y este tipo de educación es un gran error.

En un equipo todos son iguales, todos tienen que trabajar para ser titulares, todos tienen que participar por igual. No existe la sobreprotección, las deferencias o «pobre mi niño que se frustra».

Como entrenador no permitas que tiren la toalla si tú valoras que pueden conseguir el resultado. No pares de inculcarles que la mejor manera de llegar a superarse es el trabajo. Que es el trabajo el que nos lleva al éxito y no lo que se compra en los grandes almacenes. Pídeles constantemente que se esfuercen. Y que se sientan responsables de sus éxitos porque han sido ellos los que se lo han trabajado.

El profesor Anders Ericsson de la Universidad de la Florida realizó un estudio en el que afirmaba que para llegar a ser brillante en una destreza tienes que haberla entrenado una media de 10.000 horas. Supone trabajar en ello tres horas diarias a lo largo de diez años. Así que nadie llega y besa el santo. Si quieres éxito, trabaja bien, trabaja mucho y trabaja duro. Eso sí, no se trata de una práctica por pura repetición, sino de una práctica inteligente, guiada y con sentido común. Si quieres dejar de ser un aficionado para convertirte en un profesional de algo, tienes que entrenarte.

**Disfrutar y no olvidar nunca la pasión.** Las personas que se dedican profesionalmente a lo que le eligen, son unos afortunados. Los niños no pueden olvidar el motivo por el que llegaron a practicar deporte: su pasión por el juego. Ni los profesionales de una empresa deben olvidar el primer día que se incorporaron al trabajo: la mesa, el ordenador, los clientes, los compañeros, la máquina del café, la luz de su oficina. Dejamos de prestar atención a detalles que nos emocionaron en su momento, solo porque se convierten en un hábito o parte de nuestra rutina. Y al dejar de prestarles atención, pierden valor. Se incorporan a nuestros mundo de «normales»: es normal tener trabajo, es normal tener compañeros estupendos, es normal tener unas botas de fútbol último modelo, es normal que mis padres se desplacen cada sábado para llevarme a los partidos que juego con mi equipo y un largo etcétera de normales. Como entrenador, haz un esfuerzo para que siempre recuerden que son unos privilegiados por poder disfrutar de lo que les gusta, por poder dedicarse a jugar y tener compañeros en los que apoyarse. Dar valor a las cosas es tomar conciencia de lo que somos y lo que tenemos.

Las personas apasionadas tienen ventaja: mejoran su rendimiento, contagian energía positiva a los demás, se implican y comprometen más con su profesión, se orientan hacia las soluciones en lugar de hacia los problemas y buscan constantemente la mejora y la calidad. Les gusta lo que hacen, con quién lo hacen y cómo lo hacen. Para tener pasión necesitas concentrarte en lo que te atrae, en los aspectos positivos, en ser agradecido y dar valor a los detalles. Trabaja con tu equipo la focalización de la atención: olores, texturas, sonidos, sentimientos, el golpeo de la bota con el balón, el sonido que hace la pelota cuando las botas antes de tirar un tiro libre, el olor de la piscina y la sensación térmica cuando te lanzas dentro. Cada deporte, cada profesión, cada alumno y enseñanza tiene sus detalles... ¿No te acuerdas del olor de la goma de nata de Milan cuando íbamos a clase? Detalles y sensaciones que a cada persona le ayudan a revivir experiencias. Entrénales para que disfruten de una buena jugada, un gol, pero también de los pequeños momentos que ofrece cada entrenamiento. Pregúntales al finalizar el entrenamiento, el partido o la clase de matemáticas: «¿Con qué habéis disfrutado hoy?».

**Diario de pequeños placeres.** Puedes pedirles que lleven un diario de «pequeños placeres» y que al finalizar el entrenamiento anote cada uno en su libreta las sensaciones, un aspecto deportivo, un comentario de un amigo, el día soleado o cualquier detalle que haya contribuido a tener un buen entrenamiento o un buen día en el colegio.

**Trabajo en equipo.** Muchas son las empresas y equipos que hablan de trabajo en equipo y de sus ventajas, pero pocas las personas que consiguen ser coherentes y fieles al concepto. En el deporte de equipo se inculca desde pequeños a los niños la importancia del bien común y el objetivo grupal por encima del individual. Los niños aprenden a ser suplentes, a ser generosos con el balón para que marque el compañero o dejar que sea otro el que saque la falta aunque uno se muera de ganas de chutar el balón. De hecho, en los estadios pitan estrepitosamente a los «chupones», a aquellos jugadores que se llenan de balón con tal de tirar ellos aunque esté mejor posicionado un compañero. Así que el deportista se expone interna y públicamente a ser rechazado y criticado cuando no juega en equipo. Trabajar en equipo es difícil, principalmente porque necesita de un competente solidario muy elevado. Y la solidaridad en las empresas brilla por su ausencia. La empresa es la selva: selección natural y sobrevivir, y para sobrevivir no solo necesitas hacer bien lo tuyo, sino quitarle la presa de comida a tu compañero. Es una pena, pero es así. El deporte educa para favorecer el bien común por encima del individual, priorizar lo que necesita el equipo por encima de los intereses personales. Si este tipo de valores no se inculcan desde pequeños, será difícil que en la adolescencia y la edad adulta formen parte de nuestra filosofía de vida. La sociedad y la metodología de trabajo en las universidades y empresas no lo favorecen.

**Dinámica de las cuerdas**
Necesitas tres cuerdas (de las de atar paquetes) de un metro de largo y nueve cuerdas de 33 cm.

Coge a tres parejas de chavales y entrega a cada pareja una cuerda de un metro y tres cuerdas de 33 cm.

Da las siguientes instrucciones:

• Un miembro de la pareja tiene las cuerdas, la de un metro y las tres más pequeñas.

• Le pedís que frene al otro miembro: vuestra pareja es vuestro rival. Tenéis que conseguir que no camine o que camine con dificultad. Para ello contáis con el material, pero solo podéis utilizar una alternativa de cuerdas. La primera alternativa es la cuerda de un metro, la segunda alternativa son las tres cuerdas de 33 cm. No podéis utilizar las cuatro, o la de un metro o las tres pequeñas.

• Se les da un tiempo a las tres parejas para que resuelvan lo que se les ha pedido.

• La solución, o una de las soluciones más utilizadas, consiste en atar la cuerda de un metro alrededor de los pies de la pareja, hacer un nudo fuerte y con ello impedirle la marcha.

- Cuando la primera pareja llegue a la solución, la dinámica acaba.
- Tu conclusión es la siguiente: dado que todos utilizan la cuerda de un metro para amarrar al compañero, tendrás que explicarles que las tres cuerdas de 33 cm suman un metro si las ponemos en fila, pero al trabajar de manera individual, no pueden darnos el mismo resultado que la cuerda de un metro en la que los tres tramos de 33 cm están unidos.
- Cuando un equipo trabaja en equipo, los resultados son mayores que cuando los jugadores son más individualistas.

**Sentimiento de pertenencia.** Tus jugadores tienen que sentirse importantes dentro del grupo y tener el sentimiento de que pertenecen a algo. Por ello, habla siempre en términos de nosotros, en lugar de utilizar la primera persona. Y pídeles que hagan lo mismo: «cuando nosotros hacemos», «nosotros perdimos el partido», «nosotros nos implicamos y fuimos intensos...». Para fomentar el sentimiento de pertenencia busca frases, conceptos, comidas, experiencias dentro y fuera de los entrenamientos que os hagan ser miembros del grupo. Consigue que los chicos se sientan orgullosos de pertenecer a este grupo.

**Filosofía kaizen.** El pueblo japonés ha tenido dos obsesiones muy positivas: trabajar en equipo y sus procesos de mejora. Ellos son los pioneros de los círculos de calidad y de poner en práctica un concepto filosófico denominado kaizen. El kaizen busca la mejora continua. Todo evoluciona, las nuevas tecnologías, la forma de alimentarnos y, también, la manera de entrenar. En el momento en el que como entrenador te estancas, te mueres. Tienes que ponerte al día e inculcar a tu grupo que cada día hay algo en lo que tenéis que mejorar, desde la rapidez con la que se transporta una portería entre todos para entrenar hasta jugadas complejas de estrategia.

El kaizen tiene en cuenta para trabajar en los procesos de mejora a todos los que participan en el equipo de trabajo, o a todas las categorías profesionales de una empresa. Y es que no hay nadie mejor que el propio trabajador para saber en qué mejorar sus procesos. La opinión de todos cuenta.

Como entrenador, escucha. Escucha a tu cuerpo técnico, escucha a tus jugadores, sus sensaciones y sus propuestas. Y escucha sin reproches y sin resentimiento. Nadie quiere ser sincero con alguien rencoroso. Organiza reuniones en las que invites a capitanes y cuerpo técnico, no a quejarse, sino a plantear ideas de mejora. Ideas que no sean la medalla de nadie, sino fruto de la inspiración del equipo, ideas que sirvan para mejorar cualquier aspecto que incremente la eficacia del grupo. La mayoría de los líderes reúnen a su gente cuando surgen los problemas. Pero la mejor forma de curar es prevenir, y estar orientados a la mejora continua es crecer, no poner tiritas cuando aparezca la herida.

Para que este tipo de reuniones sean positivas, hay que participar con mente abierta, escuchar en lugar de oír, no tener prejuicios y asumir que toda propuesta es por el bien del grupo. Una nueva idea no significa que la anterior sea mala, no es un tema dicotómico, significa que se puede probar hacer las cosas de manera distinta. Todo el mundo hace las cosas de forma similar hasta que llega alguien que innova. Ante las propuestas de los demás es importante que no te sientas atacado. Recuerda que toda propuesta que hagáis en estas sesiones es fruto de la reflexión del grupo. Nadie trata de minarte, ni de contradecirte, ni de suplantarte. Solo se busca innovar, mejorar y crecer. Si las reuniones terminan siendo un reproche, es mejor no tenerlas.

**Dinámicas**

Para trabajar los valores, muchos son los psicólogos que proponen la idea de trabajar un valor al mes. El mes de septiembre puede ser el de la **cohesión**. Los chicos empiezan a entrenar, hay compañeros nuevos, el grupo tiene que conocerse y todos tienen que integrarse. Y así sucesivamente. Elige el valor en función de alguna particularidad del mes. En diciembre, por ejemplo, puedes trabajar la **generosidad**. Llega la Navidad y, con motivo de las fiestas, olvidemos la parte material y volquémonos en ser generosos y buenos compañeros. Sí, es cierto, hay que ser generoso todo el año, pero no está mal tener un motivo para reflexionar sobre el valor.

Para trabajar el valor puedes apoyarte en noticias, películas, lecturas, frases, ejemplos reales de personas que luchan por un sueño o que han superado situaciones difíciles, hacer debates, pedir a los alumnos o jugadores que hagan pequeñas exposiciones sobre el valor, hacer un mural, que escriban pequeños relatos o cuentos. Infinidad de ejercicios que ayudarán a asimilar y aprender el concepto. Yo utilizo mucho en mis sesiones los ejemplos de superación de deportistas paraolímpicos. Me parecen auténticas historias de crecimiento, llenas de valores y enseñanzas. Historias que ponen los pies en la tierra, que te enseñan el valor de lo importante y dejan de lado tantos aspectos materialistas por los que la gente hoy en día se frustra. No dejan indiferente a nadie, ni a grandes ni a pequeños.

---

**Habla el míster**

*Como educador, formador o entrenador tienes el deber de ser un ejemplo para tu grupo, todos esperan que lo seas y que prediques con el ejemplo. No puedes pedir a tu grupo que se comporte de una manera mientras tú haces todo lo contrario. Las contradicciones en un grupo son un comienzo para el mal funcionamiento del equipo, y ya no digamos cuando entrenas, formas o educas a jóvenes. Como hemos dicho anteriormente, en esas edades los niños/as son esponjas y toman como ejemplos a sus educadores, por eso hay que ser muy cuidadoso con lo que se dice y también con lo que se hace.*

*En un equipo de fútbol, no solo el entrenador o el staff tienen que ser modelos a seguir o ejemplos, también los capitanes del equipo. He estado en muchos equipos como jugador donde el capitán no era escogido por el grupo sino que era el jugador más veterano en el equipo, el que llevaba más años formando parte del primer equipo o del club. Puede que algunos tuvieran las cualidades para ser capitán, un ejemplo o un líder, pero otros no. Soy partidario de que los jugadores y el entrenador/staff escojan a los capitanes, son unas personas muy importantes para el buen funcionamiento del grupo y no pueden tener «solo» la cualidad de llevar más años en ese equipo que otros jugadores con más capacidad para serlo. Un buen*

---

*capitán tiene que ser un ejemplo para sus compañeros, un lí-
der, pensar siempre antes en el grupo que en él, como si fuera
un poco entrenador en el terreno de juego y en el vestuario.
Asumir su responsabilidad en el buen funcionamiento del grupo, en cumplir las normas, en crear buen ambiente de trabajo... Ha sido escogido por sus compañeros para ejercer como
capitán, como líder, como ejemplo, no solo para llevar el bra-
zalete el día del partido como puede pasar en algunos casos.
Por eso es tan importante que sea una elección de sus compañeros y del cuerpo técnico. Tiene que ser una persona justa
como el entrenador, no hacer diferencias en temas de conducta, de cumplir las normas. En ese sentido todos son iguales y
tienen que ayudar a cumplir con lo pactado en el código de conducta.*

*Un entrenador también tiene que ayudar a reforzar esa res-
ponsabilidad del capitán o de los capitanes. En algunos casos
tendría que ser casi un miembro más del staff. Un buen entrenador sabe delegar en sus ayudantes, y el capitán debe ser uno
de ellos. Es el mejor nexo de conexión con la plantilla. Es básico que los ayudantes se sientan importantes y partícipes de
todo, que cada uno asuma una gran responsabilidad en algún
aspecto. Si todo el mundo tiene la opción de opinar acerca de
cualquier asunto, se sentirá parte del grupo, parte del equipo,
y se involucrará al doscientos por cien en el proyecto. Delegar, y
saber cómo hacerlo, es otro de los aspectos más importantes
de un líder.*

Óscar García

# 10

# Cómo soportar la presión

Cuando termine de jugar, quiero que la gente
diga: «Lo manejó bien, mantuvo la calma».

KOBE BRYANT

La presión y el exceso de responsabilidad son dos de las variables psicológicas que más afectan a los entrenadores. Últimamente no hago más que leer declaraciones y biografías en las que los entrenadores afamados y laureados se declaran adictos a su trabajo. Dicen que no duermen la noche anterior al partido, que no pueden probar bocado la comida previa, que se pasan todo el día viendo partidos de fútbol, ideando estrategias y tomando decisiones sobre cómo jugar y plantear el partido del fin de semana. Esta obsesión empieza a convertirse en su zona de confort. Y los demás les aplauden: «¡Oh, qué pedazo de entrenador, entregado a su trabajo, sin vida propia, qué maravilla!». Vamos, que estar en desequilibrio, ahora resulta que tiene valor. Ser un obsesivo del trabajo tiene valor.

Y cuando hablo de estar desequilibrado no lo planteo como un sinónimo de estar loco, sino del equilibrio natural al que aspiramos las personas: trabajo, descanso y vida personal. La regla del 8 – 8 – 8: 8 horas de trabajo, 8 horas de descanso y 8 horas para uno mismo. Nadie es capaz de rendir si no duerme y no come. En el momento en que el trabajo continuamente te quita el sueño, algo no funciona. ¿Miedo a perder? ¿Miedo a que esa derrota te califique de forma negativa? «Anda, pues es humano, también pierde», «Pues no es tan crack como parecía», «Fíjate, a ver si no era él tan brillante, sino que tenía grandes jugadores». No hay nada más peligroso que cosechar mucho éxito, porque luego no sabes vivir sin él. Hasta el grado de hipotecar tu vida con tal de seguir teniéndolo.

Lo cierto es que los entrenadores, cesados cuando no consiguen los resultados a los que el club aspira, son la cabeza de turco de una mala racha. En mis sesiones de psicología he visto el sufrimiento de entrenadores que dejaron de disfrutar de lo que era su pasión porque toda la atención la tenían puesta en las consecuencias del fracaso, en cómo un cese condicionaría sus carreras, anticipando un futuro desolador que la mayoría de veces no se presenta, en lugar de poner la energía en cómo seguir disfrutando de su pasión.

Queridos entrenadores, el concepto de 24 horas es para farmacias, tiendas de comestibles y urgencias. En estos establecimientos, hay turnos, y en cada turno, «entrenadores» diferentes. Las 24 horas no es un sistema de trabajo eficaz para las personas físicas. No necesitas trabajar y pensar en fútbol 24 horas para ser el mejor. No se trata de hacer todo a todas horas, se trata de hacer lo correcto. En algunas empresas multinacionales os despedirían por no ser capaces de realizar vuestro trabajo en el horario estipulado. No hay trabajos para una sola persona que abarque tantas horas. Cierra la mente para descansar y compartir tiempo de ocio con amigos y familia, que seguro que te lo agradecerán, y tu salud, también.

## ¿Qué provoca la presión? ¿De dónde surge?

La presión es una fuerza psicológica que somete a la persona, obligándola a dar unos resultados que no siempre dependen de ella. Por lo que la situación de exigencia se convierte en una amenaza ante la que el entrenador puede verse sin los recursos suficientes. La presión es fruto de la percepción e interpretación que los entrenadores hacéis de vuestra profesión, del entorno, de los resultados y de las exigencias del club, la afición y la prensa. Se asocia con el miedo a perder su estatus, a perder el puesto de trabajo, a ser criticado cada fin de semana en función del juego y a salirse de la rueda de entrenar debido a una mala racha. La idea de que lo que acontece después de 90 minutos condiciona tu vida profesional es muy dura.

Existen una serie de creencias que condicionan y potencian la presión: son los prejuicios y las ideas irracionales sobre las que sustentas tu éxito y tu fracaso. Muchos entrenadores creen que sus resultados no son solo resultados, sino que les definen como entrenadores. En la medida en que su valor está en función de perder o ganar, perder o ganar se convierte en el combustible para sobrevivir o el veneno que les mata.

El entrenador tiene que asumir que los errores y las derrotas forman parte del juego, no siempre son el síntoma de que hayan tomado malas decisiones. Es una idea clara como el agua, la que en cualquier deporte de equipo o en un examen de oposición, no solo dependes de tu buen o mal hacer, sino de lo que hagan tus rivales. Pero los entrenadores tienden a responsabilizarse de lo que depende de ellos y de lo que no, con lo que siempre viven dentro del *locus* de control interno. El *locus* de control interno define en qué medida el éxito y el fracaso dependen de uno, para que puedas potenciar o corregir lo que está en tus manos. Pero si haces tuyo lo que no depende de ti, siempre te sentirás frustrado. Porque lo que no depende de ti, no tiene solución por tu parte. No te creas Dios. Pierdes porque intervienen muchas variables. No siempre es tu culpa. Responsabilizarse de todo no es sano ni eficaz para tu profesión.

Otro concepto importante es el de la victoria. No puedes ganar siempre. Y lo sabes. Y a pesar de todo, cada derrota es una frustración. Una derrota es el inicio de la «conducta vaca»: rumiar y rumiar, pensar en qué te equivocaste, qué falló y qué tienes que cambiar, sentirte observado, criticado y juzgado y valorarte en función del *feedback* que recibes. Esa negatividad te hace incrementar tu ansiedad y pasar una semana horrible esperando enmendar el resultado en el siguiente partido y con ello descansar, sobre todo, a nivel emocional. Los entrenadores muchas veces elaboran su imagen en función de sus victorias, y así es normal que perder sea tan doloroso. Ellos mismos son los que están continuamente atentando contra su propio autoconcepto.

Otra situación que provoca presión es la opinión pública. La prensa y la afición tienen derecho a criticar, al igual que cuando se gana, se deshacen en elogios. Pero ni Juan, ni Juanillo. La afición es temperamental, pasional y subjetiva, está enamorada de su equipo y vive un proceso de adoración y odio según se gane o se pierda. Por lo tanto, su opinión también se emite en función de emociones, y las emociones son subjetivas y bipolares: eufóricas cuando se gana y dramáticas cuando se pierde. Aun así, y siendo los entrenadores conocedores de esto, les afecta más la opinión negativa que la positiva. Se sienten grandes cuando la prensa y la afición hablan bondades de su estrategia, capacidad de motivación, etc., y se hunden cuando se sienten en el punto de mira. La idea de verse sometidos les lleva a sufrir toda la semana la preparación de un partido, de tal manera que evite el linchamiento. Pero, una vez más, no es posible. Ni es posible callar a los que tienen derecho a opinar a pesar de que no sea la crítica más constructiva, ni tú, entrenador, por mucho que te prepares un partido, conseguirás controlar todo para llegar al resultado que deseas. Es más, si te excedes en la preparación, en cuanto al número de partidos que visualices del rival, las vueltas que le des a las decisiones estratégicas o el once que elijas, si te quitas del sueño, si al final pierdes, te sentirás peor. Tu reflexión será la siguiente: «Con todo el tiempo que he invertido, la dedicación que le he prestado, para finalmente, perder». Tendrás la sensación de que no vale la pena tanta pasión, esfuerzo y dedicación. Significa que has invertido más de lo recomendable. Hay un punto de eficacia también en las horas dedicadas a tu trabajo, como el punto de activación de un jugador. Si te activas de más, te bloqueas, y si te activas de menos, entras muy relajado. Como entrenador, aprende a encontrar tu punto óptimo de eficacia. De tal forma que quedes satisfecho con el tiempo dedicado a la preparación del partido, y que, llegada la derrota o la victoria, no te achaques que trabajaste de más o que te faltó dedicarle más tiempo. Nadie va a valorar tu falta de sueño y tu falta de apetito por estar preocupado por el partido. Sé emocionalmente responsable y busca el equilibrio.

Recuerda que estar preocupado y decir lo mucho que te obsesiona el fútbol no es sinónimo de responsabilidad. Responsable es aquella persona que sabe gestionar la situación para estar en equilibrio con la vida, para ser feliz con lo que hace y sentir la emoción oportuna en cada ocasión. Responsable no es aquel que después de perder un partido se queda con cara de pocos amigos, se encierra en sí mismo y le traslada a todos que está sufriendo por el resultado. Responsable es el que busca soluciones sin hacer alarde de su sufrimiento.

La presión es la respuesta a una situación de amenaza, de miedo. Los partidos, las reuniones con un futuro cliente o un examen son interpretados como situaciones de vida o muerte, en las que solo vale salir triunfadores. En el momento en que tu cerebro detecta que estás ante una situación límite, dispara la señal de alerta e informa a tu sistema nervioso simpático de que hay una amenaza y deduce que necesita desencadenar la respuesta de ansiedad para poder defenderse ante el peligro.

Pero resulta que el peligro es el rival, el cliente, la profesora y unos exámenes en los que hay que contestar unas preguntas. Lo que tu cerebro está interpretando como una amenaza no te pone en una situación de peligro real, en la que tengas que salir corriendo o luchar para salir con vida. Así que tu respuesta de miedo, ansiedad o presión es completamente ineficaz en estas situaciones. A ti te parece muy responsable sentirte angustiado, porque tienes la falsa creencia de que las cosas importantes en la vida deben mantenerte en vilo y que deben preocuparte, porque sufrir equivale a que te importe. Pero nada más lejos de la realidad. Lo eficaz es buscar ese estado emocional que te permita pensar con claridad, ser creativo, buscar soluciones en lugar de atascarte en el problema, estar fresco de mente y corazón para animar y apoyar a quien tiene que salir al campo.

En definitiva, sientes presión porque tú mismo te la creas. No es la afición, no es la prensa, ni el puesto que ocupas en la clasificación. Es tu mente, tu interpretación sobre el entorno, tu manera de tomarte las cosas lo que provoca esta sensación tan desagradable que te impide disfrutar de tu profesión. Ni siquiera disfrutas plenamente después de una victoria, porque tu cabeza ya maquina qué pasará la semana siguiente. Cada vez que ganas tienes la sensación de que has saltado bien un nuevo obstáculo, pero tampoco la victoria te da la felicidad plena, o igual sí, pero solo momentáneamente.

¿De verdad quieres dedicarte a un trabajo que te produce más sufrimiento que placer? No se trata de que dejes de ser entrenador o maestro, o director de orquesta. Se trata de que lo que hagas lo disfrutes, te responsabilices, te impliques y que en el camino, no en la meta, también seas feliz. Sí, inmensamente feliz a pesar de los resultados.

Una vez le pregunté a un entrenador que por qué tenía un herpes en el labio semana si, semana no, y me contestó que era fruto de la ansiedad que le producía su trabajo. Un herpes, un catarro fuerte, fatiga, problemas de sueño, caída del cabello, tener la tensión descompensada, no poder tragar el día anterior al partido, tener sensación de ahogo, que el corazón te palpite más rápido de lo normal, no son señales de responsabilidad, son síntomas evidentes de ansiedad y estrés. Si como entrenador los ninguneas y los aceptas como parte de tu profesión, no te sorprendas si un día pierdes el conocimiento, te desmayas o sufres alguna consecuencia más grave que te aparta de tu «pasión». Y es que hay pasiones que matan.

## ¿Y las fuentes de presión de tus jugadores?

Los jugadores, como los hijos y los alumnos, reflejan muchas veces la personalidad de quien les dirige. Vemos jugadores jugando con garra porque hay un entrenador detrás al que se le hincha la vena del cuello desde la banda. ¿Quién se va a relajar en esa situación? Nadie, es imposible. Hay una persona que se ocupa de motivar, dar instrucciones, elevar el volumen para que no pierdan la atención, tenerlos metidos con la finalidad de que durante 93 minutos den lo mejor de sí.

## Tú mismo puedes ser una fuente de presión

Estar en tensión 93 minutos, refiriéndome a la activación positiva que permite concentrarte, luchar, dar tu mejor versión o tener intensidad, es genial. Pero el buen entrenador es el que sabe gestionar e intercalar las tensiones positivas con los momentos de descanso. Debes motivar y estar encima de ellos para realizar una jugada y mejorar el rendimiento, pero una vez acabado el encuentro, refuerza, anima, haz que se sienta importante cada uno de ellos, y premia más por el esfuerzo que han realizado que por el resultado. Muchos son los entrenadores que entran en el vestuario y patean botellas, critican sin pudor verbalizando todo lo que se les pasa por la cabeza e incrementan la presión y el sentimiento de culpa en el equipo. Tengan o no tengan razón —porque muchas veces los jugadores o el equipo de trabajo no han estado acertados—, las formas y la manera de corregir y seguir presionando los bloquea y les genera inseguridad.

Tienes que pensar que lo que funciona para ti, si es que funciona, puede no funcionar para todos los jugadores. Cada uno tiene su ritmo, sus debilidades y susceptibilidades, y lo que a uno le anima, a otro le bloquea. Por ello te propongo que trates de conocer bien a tu equipo, a cada uno de ellos, sea titular o no, esté en perfectas condiciones o lesionado. Elabora un simple cuestionario en el que realices alguna pregunta del tipo: «¿Tú cómo te motivas?», «¿Qué cosas te bloquean, presionan o bajan tu rendimiento?». Te dará información sobre lo que cada uno necesita, y te sorprenderá ver tantas respuestas variadas. Tendemos a juzgar lo que es bueno o malo para los demás en función de si lo es para nosotros o no. Y nos equivocamos. Porque todos somos diferentes, sentimos diferente y reaccionamos de manera distinta.

En general, casi todos, se sienten presionados cuando tú:

• Gritas, te exaltas y te comportas de forma agresiva, con o sin razón, pierdas o ganes, se cometa un error de patio de colegio o de máxima dificultad. Porque el que grita e intimida, bloquea y genera miedo a quien le escucha. Y el miedo es un mal compañero de quien compite, porque impide que pueda jugar fluido y sin errores. Por lo tanto, si te comportas con ira y agresividad estarás aumentando el desastre de tu equipo.

- Además, nadie quiere ser dirigido por una persona que no tiene control, que no sabe manejar sus emociones. Es incómodo y desagradable tener un jefe así.

- Olvídate de afirmaciones como «la gente se espabila con el grito». Se espabilan con la cafeína y con los argumentos, con comprensión, apoyo, compromiso y motivación.

- La falta de información, que te encierres en ti mismo, que no hables cuando pierdes. La callada por respuesta genera inseguridad en los tuyos. Necesitan saber cómo te sientes, qué piensas, tu opinión. Eso sí, de forma asertiva.

- La expresión de catástrofe en tu cara y tus gestos, como si se hubiera acabado el mundo con la derrota. Hay personas que no se expresan con la palabra, pero que sus caras lo dicen todo. No se trata de que te partas de risa al perder, pero sí que gestiones tus emociones para trasladar optimismo en los momentos difíciles. Caerse después de una derrota es fácil. Los grandes líderes son capaces de contagiar entusiasmo cuando vienen mal dadas. ¿Te acuerdas de la película *La vida es bella*? Si en un campo de concentración puedes conseguir que tu hijo piense que está jugando una partida que tiene que ganar, ¡de qué no serás capaz con tal de que tus jugadores sigan confiando en ellos mismos y en el trabajo!

- Las exigencias que traspasan los límites. Los objetivos ambiciosos generan motivación, pero si exiges más de lo que el grupo estima que puede dar, o si le pides a un jugador cosas para las que no se ve preparado, lo bloqueas. Vete ajustando el nivel de exigencia, y suelta la cuerda de vez en cuando. Porque de tanto tensar, se rompe.

- Ten cuidado con los lesionados o los que tienen molestias. Si exiges que vuelvan cuando no están, o si ellos perciben miedo y les dices que los necesitas ya, la propia ansiedad de saber que están faltando al compromiso del grupo o que no están cumpliendo con su responsabilidad podría hacerles sentirse vulnerables, inseguros y volver a lesionarse. Esto es extensible para cualquier trabajador enfermo, las bajas por maternidad o aquellos que han pedido una excedencia o tiempo por algún problema personal. Respeta los tiempos que exigen los médicos y los profesionales que te aconsejan.

## LOS PADRES

Los padres pueden ser una gran fuente de presión cuando exigen a sus hijos resultados, los sobreentrenan para que mejoren su forma física, les piden que se salten los valores que les inculca el club como la generosidad y el compañerismo para que sean ellos los que rematen a puerta, se enfadan con los chavales cuando después de un partido no han estado acertados en los pases, y dan voces desde la grada, perdiendo el respeto hacia el rival, el entrenador y su propio hijo. Lo mismo sucede con los que vociferan al árbitro.

Estos padres no desean que sus hijos disfruten de su deporte, desean vivir de sus hijos cuando destaquen como jugadores profesionales. Que se conviertan en Nadales y Cristianos, que puedan presumir de los torneos de los chavales los lunes cuando vuelven a trabajar y que su motivación sea la carrera vertiginosa de su hijo, del que se sienten orgullosos cuando triunfa, pero al que abroncan cuando no cumple con los objetivos que su padre les ha marcado.

Cerciórate, como entrenador, del tipo de padres que tienes en el equipo. Redacta con el club un código de conducta y pide al gabinete de formación o de psicología que, además de hacerles cumplir las normas, trate de montar una escuela de padres en las que, entre otros temas, puedan formarse y entender el daño que supone para el chaval tener esa presión por parte de su padre.

## SUS PROPIAS EXPECTATIVAS

El propio jugador sueña desde pequeño con llegar a ser alguien grande. Y ser grande se entiende como tener nombre, un buen contrato, ganar dinero y estar en un buen equipo. Otra vez los resultados nos juegan una mala pasada, porque en lugar de disfrutar del momento, del presente, de todo lo increíble que rodea a su deporte, su alegría depende del lugar al que tiene que llegar, no del camino que va recorriendo.

Llegar a ser un deportista profesional a veces no es el sueño del niño, sino de su padre. Pero independientemente de la fuente que promueva esas expectativas tan altas, que no siempre dependen del trabajo y esfuerzo del chaval, genera más presión que disfrute.

Enseña a tus jugadores y a tu equipo, y por supuesto a tus hijos y a tus alumnos, a que no se obsesionen con las marcas, los goles o las notas. A que disfruten del presente, se recreen con la asignatura y el deporte, aprendan a disfrutar de los detalles de lo que hacen en lugar de estar pendientes de ser perfectos, mejores y más competitivos con sus compañeros.

La mejor manera de conseguirlo es premiar lo que disfrutan, los errores por tener iniciativa o haber sido valientes, por haberse esforzado, o los valores de cooperación y compañerismo por encima de las ganancias individuales.

Y enseñarles a centrar la atención en el momento. Esa atención consciente que no juzga y no planifica el «tengo que hacer esto para conseguir aquello». Sino una atención que está centrada en observar lo que ocurre alrededor, aceptando el momento y orientada a fluir con todo lo que uno hace.

La opinión de terceros

La afición, la prensa y los comentarios de directivos que se acercan a vosotros para pediros intensidad, que lo deis todo, que este partido es sí o sí, que la viabilidad del club depende de vosotros, etc., son factores que pueden generar presión y que quedan fuera del alcance de tu propio control y del control del jugador. La mejor manera de conseguir que no os afecten es manteneros, en la medida de lo posible, al margen de ellos: problemas de dinero, habladurías, comentarios en prensa, afición en contra. Enseña a tus jugadores que toda esta presión forma parte del juego. Que unas veces la tienes a favor y otras en contra, y que realmente tiene el valor que vosotros decidáis. Os preocupéis por lo que digan o no, nada va a cambiar la opinión de los que opinan. Así que se trata de una preocupación inútil, de la que cuanto menos se hable, mejor.

## ¿Cómo manejar la presión?

¿Por qué estás aquí? ¿Por qué eres entrenador? ¿Por qué elegiste ser padre, profesor, jefe de equipo? La vida son elecciones, y normalmente las hacemos en función de nuestras pasiones. He oído hacer comentarios despectivos a padres en los que decían a sus hijos: «Si no estudias, terminarás de cajera en Pryca». Este comentario era muy típico escucharlo cuando yo tenía 18 años, hace 25. Pryca, para el que no lo sepa, era una cadena de supermercados, que si no me equivoco se convirtieron en Continente y luego en Carrefour. Ser cajera no es una profesión denigrante. De hecho, hay mujeres y hombres a los que les gusta estar en la caja, el contacto con los clientes y todo lo que conlleva. Y son excelentes profesionales y felices con lo que hacen.

Las profesiones no son ni buenas ni malas. Tienen valor positivo o negativo en función de los gustos, capacidades, aptitudes, formación y otras variables que tengan quienes las ejercen. Yo no me vería jamás en una profesión en la que tuviera que negociar, pero hay otras personas a las que las negociaciones les apasionan.

La presión la genera desproporcionar la situación, no la situación en sí. Son varios los motivos por los que la situación genera presión. Aquí tienes el decálogo para reducir y trabajar sobre la «incómoda presión»:

**1. No estar en el lugar deseado.** Muchas personas eran eficaces en su puesto de trabajo y las promocionaron a un equipo de mayor categoría o a jefes de equipo o jefes de estudio. A veces ni siquiera les preguntan si desean estar ahí, solo asocian que si eres bueno en la profesión que ejerces, también lo serás en la de un nivel superior.

Debes decir «No». Aprender a decir «No» te dará mucha tranquilidad. Implica no asumir las responsabilidades que no deseas si no son parte de tu trabajo. No todos tienen las mismas motivaciones en la vida, no todos tienen la necesidad de aspirar a más, promocionarse y tener un puesto con más categoría profesional y mejor remuneración. Hay personas que se sienten satisfechas y son felices en el lugar en el que están. Para ellos llegar «a ser algo» no se relaciona con el estatus ni con el nivel socioeconómico, sino con la calidad de vida.

Declina amablemente a quien te ofrezca algo que aparentemente tendría que atraerte. No tienes que justificarte, ni dar muchas explicaciones. Tampoco digas una mentira piadosa con tal de quedar bien, porque podrían tratar de convencerte con otros argumentos. Da las gracias por el ofrecimiento, diles que valoras mucho que hayan pensado en ti pero que deseas seguir haciendo lo mismo que hasta ahora.

**2. Objetivos irreales.** Tanto si te los pones a ti mismo como a tus jugadores. Aprende a funcionar a otro ritmo y con expectativas menores. Los propios objetivos, si generan presión, pierden el efecto motivacional. Recuerda redactar de manera individual, con cada jugador o empleado, su objetivo personal. Trata de consensuarlo con ellos, y no exijas por encima de lo posible. Reserva las exigencias para los momentos en los que de verdad las necesites. Si todo se vuelve igual de intenso e igual de importante, cuando de verdad haya que dar un plus, ni quedarán fuerzas, ni sabrán diferenciar de verdad si la situación lo requiere. Lo mismo ocurre en la enseñanza. Las clases están sobredimensionadas, hay más alumnos de los que se podría desear para personalizar la educación. Pero haz un esfuerzo por adecuar las exigencias a los chicos. Perdemos a muchos estudiantes por el sentimiento de frustración que sufren cuando no pueden alcanzar los niveles y la velocidad que otros alumnos compañeros más brillantes consiguen tener. Motiva, alienta, empuja, explica, repite, haz lo imposible con tal de no dejarte a nadie en el camino. El fracaso es responsabilidad de todos.

**3. Adopta con más frecuencia una conducta pasota con lo que no depende de ti.** No eres más responsable por sufrir. La conducta pasota se consigue cambiando tu parloteo, tu conversación interior, lo que te dices a ti mismo. Deja de machacarte y sentirte culpable por todo. Pasa. No serás más responsable ni tendrás mejores marcas por sufrir con la derrota. Necesitas hablarte en términos de soluciones en lugar de rumiar sobre los problemas. Y si no hay soluciones, necesitas dejar pasar el momento. Deja de juzgar todo lo que haces, las consecuencias que tendrá y el futuro que te espera. No permitas que la responsabilidad te funda. Aceptación y ocupación. Aceptar lo que no depende de ti, ocuparte y responsabilizarte de lo que sí. Responsabilizarte no significa sufrir.

**4. Acepta tus emociones y aprende a convivir con ellas.** Deja de querer controlarlo todo. Podrías aprender a trabajar con *mindfulness* y trabajar la meditación. Los grandes entrenadores y deportistas dicen haber sacado muchos beneficios de la meditación. Roger Federer, Kobe Bryant, Tiger Woods y muchos otros aprendieron la práctica de la atención plena y con ella aumentaron la concentración, mejoraron la atención y regularon las emociones.

**5. Practica técnicas de relajación muscular y de visualización.** El entrenamiento de estas técnicas permite desactivar y desacelerar la sobreactivación de tu sistema nervioso. El sistema nervioso simpático desencadena la respuesta de ansiedad cuando te ves sometido a la presión del entorno. Los síntomas son palpitaciones, sensación de ahogo, dolor de cabeza, problemas para conciliar el sueño, picor en la piel, dificultad para ingerir alimentos, sudoración, sequedad de boca, tensión muscular y otros más. El sistema nervioso se activa cuando interpretas el entorno como amenazante: un partido que tienes que ganar, el informe que no llega en el plazo, una negociación que se atraganta, la pérdida de un cliente o cualquier otra situación que te preocupa de más.

**6. Crea un ambiente agradable y relajado.** A pesar de que la situación que estéis atravesando pueda estar cargada de tensión, hay muchas acciones que pueden rebajarla. El volumen y tono con el que os comunicáis, el tipo de mensajes, poner música, sonreír, transmitir optimismo y confianza a los tuyos o esperar cosas buenas y hacer público lo positivo que esperas.

**7. No traslades presión, traslada entusiasmo.** No es bueno trasladar a los tuyos que el fútbol es algo «a vida o muerte», y que tu estado emocional depende solo de los resultados. No solo no es bueno, sino que es una barbaridad. Puedes convertir la presión en algo positivo. La presión, si es positiva, se convierte en pasión competitiva. El querer ganar, la ambición, la garra, el esfuerzo y sacrificio que suponen enfrentarse a tu rival lo canalizas en fuerza para competir.

**8. Menos pensar en fracaso y más pensar en soluciones.** Rumiar todo el día con las consecuencias de no alcanzar los resultados, genera presión. Tu cerebro es más eficaz y tus emociones son más positivas si en lugar de pensar en lo que no deseas que ocurra, inviertes esa energía en generar lo que sí quieres que pase. Cuando tus jugadores te planteen problemas, incítales a que ellos busquen las soluciones. Lo que genera ansiedad y presión no es el problema, sino las vueltas que le das al mismo sin una dirección. Dar vueltas a la rotonda no te lleva al destino. Lo que te lleva al destino es planificar la ruta, calcular lo que necesitas para el camino y anticiparte a las dificultades.

**9. Compórtate como una persona tranquila.** Adopta una postura corporal que muestre a los demás que estás relajado y tranquilo. La cara tensa, la falta de sonrisa, andar cabizbajo o evitar comunicarte, son comportamientos no verbales que indican que estás intranquilo. Tu plantilla descifra cada uno de tus gestos y sacan sus propias conclusiones. Si te ven preocupado, ellos también se preocupan. En el salario también está responsabilizarse de lo que muestras a los demás. Primero, porque es saludable para ti; comportarte como si estuvieras bien, hará que te sientas mejor. La información propioceptiva que emite tu cuerpo informa al cerebro del significado de tu postura. Y tu cerebro interpreta cómo te sientes en función de cómo te mueves y comunicas. Y en segundo lugar, tu equipo se merece tu mejor versión, saber que el líder está tranquilo les transmite confianza y seguridad. Nadie quiere ser dirigido por una persona temerosa, nerviosa o que esté perdida cuando más necesita tener las ideas claras.

**10. Acuérdate de la importancia del equilibrio.** Necesitas tener vida propia además de la vida profesional. Necesitas descanso, alimentarte de forma sana, reír y tener tiempo para hacer otras cosas que no sea solo tu trabajo. El cerebro se fatiga si lo saturas con el monotema. Igual que te cansarías de comer todos los días lo mismo. Terminarías aborreciendo el alimento. Si quieres tener ideas frescas, ser creativo, tener soluciones y no perder la motivación y la pasión por lo que haces, desconecta todos los días.

No hay mejor momento para ser feliz que este y ahora. Todo lo que hoy valores como importantísimo, dentro de un día, una semana o unos años habrá perdido completamente el valor. No esperes sufrir un susto, tener un ataque de ansiedad, querer dejar tu profesión para tomar medidas con la presión a la que te sometes. De verdad que lo que vale la pena de la vida no está en un partido, está dentro de ti y de tu familia. Lo demás es superficial, invisible cuando te mueras. Trata de dejar huella siendo feliz, siendo un buen profesional y disfrutando de los tuyos.

## Habla el míster

*Tengo que reconocer que soy de los que Patricia llama personas en desequilibrio, el equilibrio natural que comenta de 8 horas de trabajo, 8 horas de descanso y 8 horas para uno mismo, no lo cumplo. Soy de los que estoy o puedo estar 24 horas pensando en el partido, en la estrategia a usar, en la alineación, en cómo se puede desarrollar el partido y cómo y qué puedo tener preparado por si necesitamos cambiar algo... y reconozco que es uno de los aspectos donde tengo que mejorar como entrenador porque, como bien dice ella en este capítulo, no por pensar las 24 horas eres más responsable o vas a controlarlo todo. He llegado a entender que en un partido no lo puedes controlar todo.*

*En este capítulo Patricia explica perfectamente lo que es la presión, lo que la puede provocar y lo que supone para un entrenador. Estoy completamente de acuerdo en todo lo que dice y que se puede resumir en la frase que afirma que sientes presión porque tú mismo te la creas. Aunque haya muchos factores externos que pueden influir, la presión dependerá de la in-*

terpretación que tú hagas de todo eso. Como líder no debes mostrar que estás o que te sientes presionado, ya que tus jugadores lo van a notar y van a perder confianza en su líder. En casi todas las circunstancias en las que un entrenador está bajo presión, los jugadores también lo están, y si encima muestras esa imagen, no solo no les puedes ayudar —al fin y al cabo son los que salen al campo— sino que les puedes perjudicar, lo cual todavía es peor.

Durante mi etapa de jugador he visto como muchos jugadores de altísimo nivel no podían competir al cien por cien debido a la presión a la que se sometían, digo «se sometían» porque, como he comentado, la presión depende de ti, de tu mentalidad y de las cosas que quieres pensar. He de reconocer que es mucho más fácil escribir o decirlo que hacerlo, y más a niveles de alta competición donde pueden y existen tantos factores externos. ¿Cuántos grandes jugadores no han podido rendir a su nivel cuando han fichado por un equipo de los de arriba, en los que la presión externa es mucho mayor debido precisamente a eso? Podemos encontrar diferentes casos, y habría que analizarlos uno a uno, pero también es trabajo del entrenador, del formador y del psicólogo ayudar a ese jugador.

En el fútbol, como en la vida en general, se piensa mucho en lo que pasará, en el futuro, en definitiva en cosas que no puedes controlar ni puedes cambiar. Donde tienes el control, o puedes hacer algo siempre, es en el ahora, en el presente. De nada sirve lo que ya pasó si no has aprendido de ello para aplicarlo en el presente. De nuevo, esta es otra premisa más fácil de decir que de aplicar, pero si se consigue, aporta un gran beneficio personal y también es de gran ayuda para el grupo.

Uno de los grandes problemas de los jóvenes deportistas, aunque pueda parecer una contradicción, son los padres. Muchos de estos se ven reflejados en sus hijos y quieren que consigan lo que quizá ellos no pudieron lograr. Por ello, el nivel de exigencia puede llegar a ser demasiado elevado para un niño/a de temprana edad que tendría que estar centrado en divertirse y en aprender unos valores como el compañerismo y la genero-

*sidad. Puedes comprobar cada fin de semana en partidos in-*
*fantiles como algunos padres gritan a los niños lo que tienen*
*que hacer en cada momento, perdiendo así el respeto hacia el*
*árbitro, hacia el entrenador y hacia su propio hijo. No es nece-*
*sario juzgar el ejemplo que dan, pues quedan retratados por sí*
*mismos. Pero también es trabajo de los entrenadores y de los*
*clubes el no permitir este tipo de comportamientos. Sé que no*
*es nada fácil, pero es un trabajo básico para la formación o,*
*mejor dicho, para la buena formación de estos futuros adoles-*
*centes.*

ÓSCAR GARCÍA

# 11

# La importancia de tener a tu equipo motivado

> Es imposible sobresalir en algo de lo que no se disfruta.
>
> JACK NICKLAUS

Cuando pensamos en motivación, a todo el mundo le viene a la cabeza la imagen de un entrenador apasionado, que se entrega, que jalea a sus jugadores, que les apoya, que se divierte con lo que hace y consigue que los suyos también lo pasen bien.

La motivación la queremos tener todos de nuestra parte. Nos gusta saber qué queremos y hacia dónde vamos, tener un motivo, un «algo» que tire y saque lo mejor de nosotros. La motivación es la fuerza interior que nos ayuda a perseguir los sueños a través del trabajo, el esfuerzo y la dedicación. Sin motivación no somos nada, y con ella somos el inicio de un proyecto. Quien encuentra su motivación, tiene gran parte del camino hecho.

Si tienes muchos conocimientos técnicos y deportivos, si tienes las ideas claras pero te falta garra a la hora de transmitirlas, tus ideas pierden fuerza. La motivación es la fuerza interior que llega a tu equipo como un empujón. Y que tu equipo recibe como activador, siente como se le recarga las pilas y lo transforma en actitud, en compromiso y en «darlo todo».

La motivación puede surgir de factores internos y también externos:

• **La motivación intrínseca** está relacionada con el interior de la persona, qué conocimientos, pasiones, intereses, curiosidades tiene un jugador, un estudiante o un trabajador por querer hacer algo. No se trata de disfrutar de lo que conseguiré, sino del propio placer de la actividad. Con este tipo de motivación, el jugador o trabajador no depende de lo que le ofrezcas, ni de un premio. Está motivado por él mismo. Lo que hace o quiere conseguir le gusta, le apasiona, y se mueve por el propio placer de hacerlo.

Ejemplos de motivaciones internas son el placer de entrenarte o de concentrarte delante de tu ordenador para escribir, el placer de relacionarte con tus clientes y recrearte en tu profesión. Lo que se disfruta no es la meta ni el premio, sino la propia actividad en sí.

• **La motivación extrínseca** se relaciona con el reconocimiento, los premios, el dinero, los triunfos y medallas, etc. Este tipo de motivación es consecuencia del esfuerzo. Las personas anhelan el premio, el sentimiento y la sensación de orgullo cuando lo logran. Es la visión del futuro y de lo que ese esfuerzo supondrá para uno, lo que les empuja.

Un jugador puede estar cansado en los entrenamientos, venir de perder un partido y estar más apático, pero solo el hecho de pensar en que puede participar en el ascenso de su equipo, en el reconocimiento que obtendrá en su ciudad, en que podrá jugar en una Liga superior o mejorar su contrato, hace que entrene con más esfuerzo. Es el premio final lo que le estimula.

A todos nos encantaría tener alumnos, jugadores, hijos o trabajadores que disfrutaran de lo que hacen, que tuvieran curiosidad por aprender, que la propia tarea les abstrajera tanto que multiplicara su capacidad de concentración, pero no siempre es así.

Una de tus funciones como líder es conseguir que el acto en sí, el entrenamiento, la clase de matemáticas, la reunión con tus trabajadores, sea atractiva y motivadora. Necesitas despertar el interés de quienes diriges y que estén atentos, que les apetezca hacer lo que les pides, que encuentren sentido a tus peticiones y que lo pasen bien contigo y con la actividad.

Es muy difícil que esto ocurra en cada una de las sesiones, pero también es muy fácil conseguir lo contrario: entrenamientos aburridos, predecibles y sin adaptarse a las nuevas tecnologías o investigaciones. Entrenadores que llevan toda la vida haciendo lo mismo, que están en su zona de confort y que no creen en la evolución. El fútbol no es así. Siempre se puede innovar. Y no pienses solo en el sistema de juego, en la estrategia. Se puede innovar desde el discurso, la comunicación, los ejercicios, las ideas, en todo. Eso sí, tendrás que dedicar tiempo a pensar, a cambiar, a leer, a hablar con otros compañeros acerca de lo que hacen y cómo entrenan, y crear tus propias innovaciones.

¿Recuerdas la clase de literatura inglesa en *El Club de los Poetas Muertos*? El profesor Keating, fantásticamente interpretado por Robin Williams, consiguió despertar el interés por la asignatura de poesía y por la literatura en un grupo de alumnos que estaban aburridos del sistema tradicional y que asistían a clase y obedecían porque tenían que hacerlo, pero no porque desearan hacerlo. Hasta ese momento era una asignatura tediosa, pero «Capitán, oh mi capitán» llamó la atención de los chicos. Con curiosidad, con creatividad, con argumentos, involucrándoles, valorando las aportaciones, despertando algo que había dentro de ellos que hasta ahora nadie había tocado: la pasión.

La motivación intrínseca no es algo que se tenga o no se tenga. Puede estar adormilada y que llegue la persona que, tocando la fibra, la despierte. Ambas motivaciones van de la mano, porque por mucho que un deportista desee involucrarse en su deporte, si no recibe una beca o dinero de un patrocinador, no podrá estar tranquilo y dedicarse de forma plena. Estará preocupado por conseguir la marca que le permita seguir teniendo ingresos y no tener que compaginar el deporte con otro trabajo para poder sobrevivir. Tener cubiertos los mínimos de lo extrínseco, permite disfrutar más de lo que para algunos ya era motivador.

La motivación en el deporte y en la vida está relacionada con el concepto *dirección* «hacia dónde voy» y con la idea la *intensidad* «cuánto soy capaz de dar» con tal de obtener el objetivo.

La motivación es clave para que los tuyos aprendan y entiendan lo que les transmites. Un jugador motivado abre los ojos y los oídos, se fija y está atento. La atención es vital, y esta depende de lo motivado que esté el jugador.

Para motivar necesitamos trabajar los siguientes puntos: ausencia de problemas, disfrutar con lo que hacemos, gestionar bien las emociones, el talento, la dirección, estar tú motivado, reconocimiento y *feedback*, sentirte querido y aceptado dentro del grupo, autonomía, éxito y fracaso, los objetivos, no siempre motiva a los demás lo que te motiva a ti, y ayudar a los demás motiva.

## Ausencia de problemas

Tener un equilibrio y estar a gusto en la vida, que incluye tu profesión, tus relaciones personales, familiares y sociales, forma parte de los cimientos básicos. Es difícil motivarte cuando vives rodeado de problemas, cuando, por ejemplo, la salud de un ser querido te preocupa o cuando no cobras lo suficiente para poder mantenerte. Los conflictos, los problemas personales, la falta de rutina o el desorden impiden que el jugador esté relajado, y esto influye en todas las áreas de su vida. Cuando tus mínimos están cubiertos, puedes dedicar tu cien por cien a tu actividad.

No impongas a tus jugadores reglas éticas ni moralices acerca de lo que está bien o mal. A muchos jugadores se les critica sus salidas nocturnas, flirteos con chicas, gastar mucho dinero, etc. No hacen nada distinto de lo que hacen los jóvenes a su edad pero con otro presupuesto económico. Algún miembro de confianza de tu cuerpo técnico puede hablar con ellos, pedirles serenidad sin adoptar una postura acusadora y penalizadora. Que entiendan, desde el cariño y la comprensión, que necesitan equilibrio y serenidad para rendir mejor.

## Disfrutar con lo que hacemos

No necesitas motivar a tus hijos para que jueguen, porque el propio acto de jugar es divertido. Sale de ellos y lo hacen solos. Necesitas motivar a los que no desean hacer algo. La idea es convertir las obligaciones o la actividad en algo atractivo, para que apetezca realizarla. Huye del aburrimiento y de hacer siempre lo mismo. Tienes que esforzarte en plantear ejercicios diferentes.

Si el entrenamiento es duro, trata de introducir elementos divertidos, desde la forma en que animas hasta poner música o retarlos para que se impliquen. Tus jugadores tienen que disfrutar con lo que hacen, tienen que tener ganas de venir a entrenar. El disfrute está en los ejercicios, en el buen rollo del equipo, en el postentrenamiento, en cómo preparas las concentraciones, etc. Disfrutar y rendir van de la mano. Y es que cuando te lo pasas bien, la tarea te absorbe y te es indiferente la dureza, el tiempo que dedicas y el esfuerzo que estás haciendo.

## Gestionar bien las emociones

Motivación y emoción van de la mano. Nos movemos por todo lo que nos hace sentir vivos. Pero igual que hay emociones que nos ayudan a dar más, hay otras que bloquean e impiden estar concentrado, disfrutar y rendir. Emociones como el miedo, la frustración o la culpa están relacionadas con resultados pobres; conducen al jugador a estar más pendiente de las consecuencias de sus errores, que de su propia participación en el juego. La atención la tiene puesta en «me voy a llevar una bronca», «perderé el torneo», «me siento angustiado cuando me mira mi padre o mi entrenador de esa manera, no puedo respirar y me ahogo de la ansiedad que tengo». Estos pensamientos y las emociones derivadas de interpretar el entorno no son fruto de la competición o de la práctica deportiva, sino de las consecuencias de fallar. El jugador no querrá arriesgar, querrá ir a lo seguro, sentirse protegido, pero no podrá avanzar si se siente amenazado.

Olvida la idea absurda de que meter miedo, gritar o presionar es la vía para que te hagan caso. Competir y obtener resultados requiere de un estado emocional apropiado, en el que el jugador tenga la confianza de poder equivocarse sin que las consecuencias de fallar le atemoricen. Los comentarios humillantes y las amenazas jamás aportan motivación al jugador. El miedo no es la herramienta que te da poder ni autoridad, y mucho menos respeto. Son los argumentos, tu capacidad para motivar y la empatía lo que mejor podrá ayudarte.

El miedo no es una emoción que aparezca solo como consecuencia de tu estilo de liderazgo. El miedo surge por sentirse fracasado, por temor a lesionarse o a fallar a los que esperan cosas de ti, e incluso por tener que tomar decisiones correctas. Transmite la confianza necesaria para que tus jugadores disfruten y estén a gusto con lo que hacen, incluso en la máxima competición.

Crea un clima en el que tengas tensión positiva, ganas de competir, y apela a las emociones con vídeos, frases, historias, anécdotas, pidiendo intensidad en los entrenamientos y partidos, pero no busques la motivación a través de la agresividad. Puedes pedirles que participen en la motivación dejando que propongan una vez al mes o cada dos semanas el tipo de entrenamiento que les gustaría tener. Si tienes un quipo responsable e implicado, seguro que pueden aportar ideas motivadoras para ellos y de gran interés para ti.

## El talento

El propio talento genera motivación porque implica hacer cosas en las que somos brillantes. El talento es muy agradecido. Pones en juego tus habilidades con facilidad y por ello obtienes reconocimiento. La sensación de ser bueno y competente, mantiene y aumenta la motivación.

Pero no solo motiva el talento actual, sino la proyección de tu talento. Ahora eres bueno, pero ¿cuánto de brillante puedes llegar a ser?

Como entrenador tienes que elaborar un plan de carrera para los tuyos. ¿Dónde puede llegar tu atleta, tu nadador, tu jugador? Planes de carrera como los que se desarrollan en las empresas, que tratan de pensar no solo en el presente sino también en el futuro. Interesarte por tu jugador y por su futuro hace que la empresa, el club, retenga el talento.

Recuerda en este punto la importancia de ser su Pigmalión, hacerle ver su capacidad y que confíe en ella. Y recuerda también la parte entrenable del talento. Todo mejora con la práctica. Hay jugadores que tienen una habilidad increíble para entender todo a la primera, y otros que terminan consiguiendo lo mismo a base de repeticiones. Cuando falta talento, se suple con actitud. No valores solo lo genético y la genialidad. Invierte esfuerzo para que los tuyos también se esfuercen y alcancen aquello de lo que son capaces.

Al igual que ser consciente de lo que eres capaz de hacer, y que te valoren el rendimiento, motiva, también desmotiva lo contrario. No pongas a los jugadores en una posición en la que se sientan ineficaces o les pidas tareas inalcanzables para ellos, salvo que estés entrenando algo nuevo. Aprovechar su potencial es colocarle en la posición en la que se desenvuelve mejor o se siente seguro.

## La dirección

Correr, sí, pero como pollo con cabeza. La motivación es la que te lleva a dar un plus en momentos en los que se necesita toda la energía y la intensidad. De sobras son conocidas las frases: «sentir los colores», «sudar la camiseta», «ganar sí o sí», «salir a darlo todo», «dejarse la vida en el campo». Por el escudo, el club y la camiseta es capaz de luchar el jugador y de estar motivado, siempre y cuando su lucha tenga un sentido. Tiene que tener claro qué hacer, hacia dónde ir y qué ganar.

No des por sentado que el jugador te comprende. Cada uno viene de un equipo anterior, con otro sistema de dirección, incluso con un estilo de juego distinto, compañeros diferentes y equipos en los que se le exigían otras cosas. Cuanto mejor te expliques y digas la finalidad de lo que le pides, más convencido estará. Tener las cosas claras, motiva mucho. Gran parte del fracaso escolar viene por la falta de entendimiento entre el alumno y el profesor, no por la falta de capacidad del alumno. Chavales que eran «negados» para una asignatura, resultaron que al cambiar de docente también cambiaron su «incapacidad». Muchos son los alumnos que se quejan de no entender al profesor, de no asimilar la teoría y la solución del problema, y, por miedo a preguntar, a parecer tontos, dejan pasar las explicaciones no dadas, el tiempo, y con ello se van desconectando de la asignatura. A nadie le motiva estudiar lo que no entiende, porque a nadie le gusta sentirse poco hábil.

Lo mismo ocurre en el deporte y el trabajo, solemos desatender las explicaciones que no comprendemos. Los motivos pueden ser muchos: el idioma, tu comunicación, tu ironía (no todo el mundo entiende la ironía), ser demasiado técnico o utilizar tecnicismos ajenos al jugador. No se trata de que modifiques tu forma de hablar, sino de que te cerciores de que el mensaje llega, se comprende y no existen barreras que impidan ponerlo en práctica. No hagas preguntas del tipo: «¿Me habéis entendido?» o «¿Lo pilláis?». El mensaje no es un taxi que haya que «pillar». Y mucho menos utilices un tono del tipo: «¿Sois cortitos o qué?». Es mejor expresarse así: «Espero haberme explicado bien» o «Espero haber dejado clara cuál es la idea de juego». Pregunta con una sonrisa, con un tono de voz conversacional, como si fuera normal que no se entendiera. Si el jugador se siente cómodo y no te ha comprendido, seguro que no le generará ningún conflicto decirte que no lo ha entendido o que necesita más información. Facilítales que te pregunten y que no se sientan incómodos con la pregunta.

Si tienen claro lo que esperas de ellos, podrán ponerlo en práctica. Si tienen dudas, perderán la motivación. Saldrán a jugar pero sin saber qué hacer. Como pollo sin cabeza. Correr, sí, pero sin dirección.

## Estar tú motivado

Para motivar a otros es necesario que tú también estés motivado. No es lógico pedir a los jugadores que sientan algo que el propio líder no siente. Hay entrenadores a los que al ver la expresión de su cara te dan ganas de decirles que les acompañas en el sentimiento. Porque, en verdad, parece que estuvieran atravesando un duelo.

Muestra tus emociones de forma asertiva. Puedes decir cómo te sientes, con un tono de seguridad, conversacional, y analizar qué hacer para recuperar la alegría, pero no mostrarte abatido. La cara de desolación, el aislamiento, la incomunicación, el enfado irracional, son emociones que se contagian y que generan inseguridad en quienes diriges. No se trata de que te rías cuando las cosas van mal o cuando se cometen errores, pero sí de que adoptes una postura que transmita seguridad. Estar serio no es estar derrotado.

Tu credibilidad no se consigue mostrando frustración y pena después de una derrota, sino en tu capacidad para tomar decisiones, tener alternativas, planificar y tener argumentos sólidos que mantengan tu idea de juego.

Muestra seguridad, confianza en lo que haces, determinación e ilusión por el trabajo, y transmite entusiasmo aunque vengas de perder. Las personas optimistas y las que ofrecen soluciones son más creíbles como líderes que las que no lo son. Nos gusta acercarnos a los que muestran buen carácter, a los que se mantienen a flote a pesar de las circunstancias, mientras que nos consumen y entristecen las personas tristes y carentes de energía. Si quieres motivación, haz un esfuerzo por estar tú motivado.

## Reconocimiento y *feedback*

Cada uno necesita ser felicitado por su medalla personal y por el éxito del equipo. Intenta recompensar por el esfuerzo y el trabajo, más que por el resultado. Esto aumentará el nivel de control del jugador, que sabrá cómo conseguir el premio y que ese premio depende de él.

Tus jugadores necesitan saber qué están haciendo bien, y qué tienen que corregir. Tener información les indica que van por el buen camino y les hace sentirse bien, reforzados. Una crítica constructiva también anima, porque permite mejorar. He oído a muchos jugadores en mi consulta quejarse de que «el míster no me hace ni caso, ni me corrige, el tío pasa de todo lo que hago». Los jugadores son profesionales, quieren aprender contigo, quieren que estés encima, que los mires, que estés pendiente de sus progresos y que les ayudes a ser mejores. Fíjate en todos, los titulares y los que no lo son. Ayuda de forma justa a que el grupo progrese a través del progreso individual de cada uno de ellos.

Lo que dices de tus jugadores en público puede darles seguridad y confianza, o por el contrario, debilitarles. Si echas la culpa de los errores a los jugadores, aunque sea cierto, primero te liberas tú de responsabilidad, de las cosas que no están bien, y segundo, los dejas desamparados ante los leones. Da la cara de forma sincera y honesta por tus chavales. No se trata de que hables bien de ellos si han cometido errores de dejadez o falta de concentración. Se trata de que no hables mal de ellos.

La técnica del *brainstorming*, o tormenta de ideas, la utilizamos los psicólogos, coach y formadores para buscar ideas y soluciones desde el punto de vista de un grupo. Se trata de bombardear con toda clase de propuestas, por muy absurdas que sean, e ir anotando las ideas en una pizarra. Con esa lluvia de ideas acabas encontrando soluciones creativas en las que uno mismo, desde su único punto de vista, jamás pensaría. Pues lo curioso de esta técnica es que queda completamente prohibida la crítica hacia ninguna de las ideas de los compañeros, porque se parte de la base de que cada idea propuesta es una idea del grupo y no del individuo. Esta filosofía me parece genial para entender al equipo por encima del error individual. Cualquier fallo que comete un jugador o el equipo es un fallo de todos. Por lo tanto busquemos soluciones y asumamos en qué medida todos somos responsables, en lugar de centrar la crítica en los que han fallado y señalarles con el dedo.

Incluso los jugadores que no están disputando un partido pueden sentirse responsables, «igual podría haber entrenado con más intensidad y habérselo puesto más difícil al jugador titular», y que estuviera ahora más acostumbrado a realizar según qué tipo de entradas y no fallarlas en el partido. Entrenando más intensamente, quizá el titular hubiera aprendido a correr más riesgos o a ser más atrevido. En la medida en que trabajamos en un equipo, cada movimiento, pensamiento, dejadez, acción, omisión de cada uno de los miembros, siempre repercute en los demás. Así que los éxitos son de todos, pero los errores también.

Las correcciones necesitan el momento, lugar y forma adecuados. Hazlas en privado, en un tono y volumen que no intimiden, ¡estás corrigiendo, no asustando! Comprueba que el jugador ha comprendido lo que le pides, de lo contrario lo normal es que vuelva a tropezar con la misma piedra. Y no olvides decirle lo que esperas de él. Con hacer hincapié en lo que ha fallado no es suficiente para generar aprendizaje. Corrige, da opciones, comprueba que lo ha entendido y anímale a probarlo explicándole las consecuencias positivas del cambio para él y para el grupo. Asegúrate también de que el jugador es capaz de realizar lo que pides. Su nivel de frustración se incrementaría mucho si no se contempla con la capacidad, preparación o talento para ejecutar tu demanda. Si a un trabajador le exiges un trabajo para el que se considera que no está cualificado, que le falta experiencia o conocimientos o al que tiene miedo de enfrentarse, lo normal es que no lo haga.

A la hora de corregir no utilices expresiones asesinas. Es decir, palabras del tipo «nunca», «siempre», «jamás», expresiones que supongan críticas, comparaciones o ridiculizaciones que harán que el jugador se sienta humillado y centre su atención en querer justificarse, más que en comprender qué necesitas de él y cómo realizarlo.

## Sentirte querido y aceptado dentro del grupo

Un jugador tiene que tener la certeza de que es importante en el grupo y de que lo que aporta, suma en el equipo. Y no solo en el aspecto deportivo, también en el personal. Hay jugadores que por circunstancias no están siendo titulares, pero que su presencia, liderazgo o experiencia son importantísimos para el equipo. Mantener una conversación personal con ellos, decirles que son importantes, es fundamental para que cada uno conozca su rol y sienta que lo están tratando con honestidad y justicia.

## Autonomía

Tener autonomía, poder decidir, proponer y participar. Una de las grandes motivaciones en las empresas es tener autonomía. La idea de tener que hacer siempre lo que dicen los demás, no poder opinar sobre tu trabajo es desolador. El trabajador que ocupa un puesto, llámese arquitecto o jugador, conoce sus obligaciones, con sus dificultades y sus bondades. Si permites que los jugadores intervengan, propongan, ideen, piensen y colaboren, se sentirán importantes y tenidos en cuenta. Sentirán que les respetas, no solo por su calidad en el juego sino también por el nivel de sus aportaciones.

Cada propuesta de jugadores y del grupo aumenta la motivación y la implicación. Saber que han sido partícipes de las decisiones, o de la planificación, les lleva a hacer suyos los objetivos, y cuando una propuesta es tuya, es más fácil y motivador seguirla.

## Éxito y fracaso

Si el motivo por el que juegas a fútbol es ganar u obtener algún título, en el momento en el que pierdes, desaparece la motivación. Las victorias y las derrotas tienen una parte que es controlable y otra que no lo es. Ambas opciones forman parte del juego del fútbol y de la vida. Ganar requiere una gestión que, a veces, por el estado de euforia y optimismo, olvidamos. Ganar te hace sentir bien, muy bien, incluso pletórico. Uno se cree grande, y cuando encadenas una serie de victorias consecutivas, los jugadores y el equipo se pueden relajar. Te confías, te ves preparado y dejas de aportar al equipo lo que te hizo ganar la primera vez. ¿Te acuerdas de lo que era? No, porque no lo analizaste.

Después de cada victoria tienes que sacar conclusiones, las tuyas propias y otras con los jugadores. ¿Por qué ganamos? ¿Qué hicimos a nivel deportivo, qué actitud tuvimos y cómo trabajamos físicamente? ¿En qué medida ha dependido la derrota de nosotros? ¿Qué seríamos capaces de repetir en el siguiente encuentro para tener opciones de ganar?

Analizar la victoria no solo da seguridad, sino que también afianza lo correcto, refuerza a los jugadores, que relacionan «cuando juego así consigo esto», y motiva, porque permite responsabilizarse de los resultados. Y estos son la consecuencia del análisis. Saber que eres partícipe y responsable del éxito, aumenta los niveles de motivación.

De igual manera hay que trabajar la derrota. Las emociones que sientes cuando pierdes pueden ser de distinta índole. Sentirás frustración si interpretas que la derrota ha sido injusta, que te has entregado y no has tenido recompensa. Sentirás culpa y remordimiento si acabas el partido pensando que podías haber hecho más y no lo hiciste. Las emociones negativas llevan a la persona a sufrir, y el sufrimiento solo es útil si te ayuda a replantear el próximo partido y a tomar decisiones sobre los cambios que debes realizar.

Para analizar la derrota tienes que centrarte en los errores cometidos, pero siempre y cuando el error te indique el camino de las soluciones. Insistir en el error sin ofrecer soluciones, aumenta la inseguridad y el malestar del equipo. Perder es una alternativa en el juego. Aprovéchala, saca conclusiones y aprende. Pero no dejes que te consuma y que os hunda en un estado emocional que no aporta nada.

## Los objetivos

Los jugadores tienen que tener sus propios objetivos personales y a la vez tiene que existir un objetivo grupal que todos compartan y conozcan. Es motivador saber por qué luchan, dónde quieren llegar y qué premio hay que alcanzar. El objetivo grupal implica remar en la misma dirección, que por encima de los logros personales esté el colectivo, y que se trabaje de forma generosa para enriquecer al grupo. Para que se priorice este objetivo, tienes que premiar a quien se involucra, comparte, cede o se ofrece, más que al que marca el gol. Si solo valoramos el resultado, los jugadores querrán todos marcar y nadie se preocupará por el trabajo previo, defensivo y ofensivo que permite completar la jugada y que acabe en gol. Lo mismo ocurre en el ciclismo, en los relevos de atletismo, en la Copa Davis o en cualquier otro deporte de equipo.

Enseña y valora públicamente el esfuerzo de todos, hasta del que no juega pero sí hace grupo, que anima a sus compañeros y les desea suerte para el partido. Sabemos que hay talentos en un equipo que son determinantes para el resultado. Pero esos talentos no son nada sin la ayuda y participación del colectivo.

Los objetivos individuales también ayudan a persistir y a estar motivados. Definen lo que cada uno tiene que aportar para que el grupo sea más eficaz. Si cada jugador cumple con su cometido y ese cometido está relacionado con el objetivo grupal, el equipo será mejor.

La definición de objetivos tiene que ser un eje transversal. No es suficiente con lo que se defina en la pretemporada, sino que a medida que avanza la temporada, tendrás que reorientarlos. Definirlos otra vez, ampliarlos, o bajar la exigencia, según se esté desarrollando el año. Si por circunstancias no estáis consiguiendo lo planificado, puede que los jugadores se sientan abrumados con objetivos que ven a años luz. Los objetivos, grupales e individuales, tienen que ser flexibles y adaptados a las necesidades vuestras reales.

## No siempre motiva a los demás lo que te motiva a ti

Muchos entrenadores de hoy fuisteis jugadores ayer. Cada jugador tiene una personalidad y una motivación intrínseca y extrínseca distintas. No trates de copiar lo que a ti te funcionaba. Trata de conocer al grupo y adaptarte a lo que les motiva a ellos. Muchas veces los entrenadores organizan barbacoas o actos sociales de ese tipo solo porque se ha hecho siempre. Y son más las veces que incomodan a los jugadores al tener que cambiar sus planes, romper su rutina de ir a recoger a los hijos o comer con quienes ellos deseen, que la parte de unión que se supone que busca el entrenador con estos encuentros. Deja que sean los capitanes los que te pidan este tipo de reuniones, que ellos tengan la libertad y la iniciativa de proponerlas.

## Ayudar a los demás, motiva

La generosidad y el altruismo, además de fomentar y afianzar valores como la cohesión y la cooperación, motivan a las personas. Las relaciones personales son una fuente de bienestar y felicidad para todo el mundo. Eso no te obliga a estar todo el día pendiente de qué necesitan los demás para que sean felices, pero saber que estás contribuyendo al bienestar y el rendimiento de tus compañeros, te hace sentir bien.

Elige jugadores no solo por su talento, sino por su calidad humana. Jugadores que encajen en escala de valores, que aporten y que les guste ayudar. Un jugador talentoso pero egoísta o con mal carácter puede reventarte el grupo. Y entonces no tendrás ni talento, ni apoyo por parte de los demás. En el grupo tiene que haber buena química y buenos sentimientos.

Ser una buena persona, actuar con generosidad y benevolencia, genera una cadena de favores, el inicio de algo que se retroalimenta. Las personas se sienten agradecidas cuando son bien tratadas, y esa sensación placentera les lleva a actuar con altruismo con los demás. Actuar con esta sensibilidad eleva los niveles de bienestar y felicidad personal, así como los niveles de bienestar de los demás.

A continuación, hay una lista de chequeo para que cada semana puedas prestar atención a la motivación del equipo. Solo tienes que chequear si ese factor lo has puesto en práctica o no.

| Mes | Semana 1 | Semana 2 | Semana 3 | Semana 4 |
|---|---|---|---|---|
| 1. Disfrutar con lo que hacemos | | | | |
| 2. Gestionar bien las emociones | | | | |
| 3. Tener claro qué tienen que hacer y hacia dónde vamos | | | | |
| 4. Automotivarme | | | | |
| 5. Reconocerles el trabajo bien hecho | | | | |

| | | | | |
|---|---|---|---|---|
| 6. Hacerles sentir importantes dentro del grupo | | | | |
| 7. Valorar la autonomía de los jugadores | | | | |
| 8. Analizar los éxitos y los fracasos | | | | |
| 9. Revisar los objetivos | | | | |
| 10. Motivar individualmente | | | | |
| 11. Fomentar que los chicos se ayuden entre ellos | | | | |

Cada vez que tienes a la motivación de tu lado, te involucras más. El esfuerzo te lleva a conseguir tus retos, y esto, a la sensación de eficacia. Necesitamos estar motivados para poder luchar de forma natural y no forzada. Olvídate del sistema que se basa en «porque lo digo yo» o «porque esto es así y punto», y trata de buscar lo que tire de ellos. Todo es más fácil y divertido cuando tu gente está motivada.

## Habla el míster

*La motivación es un aspecto que puede marcar la diferencia sea cual sea el nivel de tu equipo o grupo. Un equipo motivado es capaz de conseguir objetivos incluso por encima de su nivel. ¿Cuántas veces hemos visto que equipos de inferior categoría conseguían ganar e incluso eliminar a equipos mucho mejores en teoría? En esos partidos tuvo mucho que ver la motivación. Uno de los consejos que se da en equipos grandes es que si se iguala la motivación, la intensidad, las ganas de correr y de luchar por cada balón como las que va a tener el rival, es el primer paso para ganar el partido, y lógicamente el equipo inferior aboga por unos niveles de motivación altísimos.*

*Uno de los recursos que tiene el líder es el uso de vídeos motivacionales, hay muchos dando vueltas por internet o puedes utilizar tus propias imágenes, imágenes del grupo, individuales... Pero hay que tener mucho cuidado con cuándo y cómo* utilizar esas imágenes para que tengan el efecto deseado. En nuestro caso, la mayoría de veces ha dado el resultado esperado, pero en algún otro, no, como cuando antes de un derbi preparamos un vídeo de motivación para los jugadores, que tuvo un efecto negativo, ya que salimos con una activación/motivación demasiado alta que se tradujo en precipitación y ansiedad. Hay momentos, partidos, donde la motivación viene dada por lo externo, y es cuando hay que saber controlarla para que no tenga un efecto negativo. Elige muy bien en qué momentos tu grupo necesita de este tipo de recurso para tener la motivación adecuada, y, por supuesto, no puede ser muy a menudo porque su efecto se puede diluir.

Como ya hemos comentado anteriormente, conocer a los jugadores/miembros del grupo individualmente te va a ayudar mucho a la hora de motivar. No todas las personas/futbolistas tienen el mismo carácter ni reaccionan igual a una corrección, a un refuerzo positivo, a uno negativo... La forma o, mejor dicho, las formas que utilices para cada uno y para el grupo va a ayudarte mucho a la hora de saber qué conviene, tanto a nivel individual como colectivo. Intenta tener involucrados a todos los miembros del grupo, del equipo. Las opiniones de los que no han jugado son muy importantes y debes tenerlas en cuenta para el buen funcionamiento del grupo y para su motivación. Hazlos sentir partícipes del partido, de los entrenamientos. Muchas veces, cuando se habla del partido, los titulares de ese partido se atreven más a dar su opinión; si esto es así, pregunta a los que no jugaron, por ejemplo, qué creen que se puede hacer mejor, qué se hizo bien, qué aspectos trabajados durante la semana funcionaron durante el partido... Haz las preguntas que puedan ayudarles tanto a ellos como al equipo. La mayoría de ocasiones ven mejor lo que ha pasado los que están en el banquillo o en la grada que los que han participado en el partido.

Durante la temporada me gusta poner ejemplos de jugadores de la plantilla. Normalmente, en cada equipo hay jugadores que no participan mucho en los partidos pero que entrenan *muy bien, jueguen o no jueguen el fin de semana, y no se quejan nunca. Si a esa condición se le une que es un jugador veterano o que ha estado en muchos otros equipos, es el caso perfecto para ponerlo de ejemplo para todos, y sobre todo para los jóvenes. Le das un plus de motivación a ese jugador con el fin de que siga en ese camino, que es el correcto para tener opciones de jugar, y haces que otros en esa misma situación puedan tener una referencia positiva. Son los típicos jugadores que el hecho de dejarlos sin jugar hace que te sientas mal, por su profesionalidad. Un entrenador lo que quiere es tener dificultades para determinar la alineación y la convocatoria, porque eso significa que tiene dónde escoger entre sus jugadores «profesionales». Otra fórmula que me gusta es la de dar la mano y agradecer el esfuerzo a todos los jugadores después del partido, independientemente del resultado, siempre con mayor énfasis cuando no has ganado o has perdido, porque es entonces cuando más lo necesitan los jugadores, y como se ha dicho en este libro en otros capítulos, una de las claves para el buen funcionamiento de un grupo es que todos se sientan partícipes y motivados para seguir ayudando a ser más fuertes en todos los sentidos.*

ÓSCAR GARCÍA

# 12

# Cómo relacionarse con los padres
# para que sumen y no presionen

*Mi agradecimiento en este capítulo
a la colaboración de mi socia Yolanda Cuevas.
Sin ella no hubiera podido escribirlo. Los niños y el deporte base son su pasión.*

Si hay algo detrás de un entrenador es su pasión por el deporte. Pocos son los que deciden convertirse en entrenadores sin haber disfrutado desde niños la práctica deportiva, sea o no la misma que van a entrenar. Son trabajadores y comprometidos, predispuestos a entrenar sus dotes de liderazgo y comunicación, temporada tras temporada. Hoy en día, el fútbol de cantera, la base, también se ha profesionalizado. En muchos clubs quedó atrás la intervención de los padres que disfrutaban con el juego, que se preocupaban por llevar a sus hijos al entrenamiento y recoger los balones.

Hay entrenadores que deciden serlo porque lo han vivido desde la infancia en su casa: un padre, una madre, un hermano o un tío que les han transmitido esa pasión, tras horas de preparación, lecturas y vídeos que quedan grabados en su mente. En otros casos, porque les gusta poder contribuir a la evolución de los más pequeños con el deporte, porque les hace sentirse especiales y les aporta muchas cosas. Otros llegan a ser entrenadores por casualidad, porque un día falla un entrenador y les dicen que si pueden ocuparse ellos, y ese día disfrutan de tal manera que ya no lo quieren dejar, descubren una nueva faceta y deciden formarse profesionalmente. Te preparas con la formación que se requiere, porque para ser entrenador no basta querer o tener actitud, es necesaria una formación en todos los niveles y cumplir una serie de requisitos. El primer peldaño para que confíen en ti y haya seriedad en una entidad deportiva es contar con gente cualificada en todos los niveles. Y un día apareces en un club, en un colegio o una entidad, te dan la oportunidad de entrenar y comienza tu otra vida: la de entrenador de un deporte.

En paralelo, transcurre tu vida de estudiante o de trabajador, mientras convives con tu familia o te has independizado, comprometido con un número determinado de tardes que serán dedicadas a un equipo de niños. Y sacrificas o, mejor dicho, disfrutas un día cada fin de semana, durante meses, el momento de la competición. Te quedarás sin vacaciones en agosto o septiembre. Te gusta tanto lo que haces que seguro que para ti no representa un sacrificio, pero tu familia, tu pareja, etc., sí que se sacrifica en muchas ocasiones por ti. ¿Cuántas bodas, bautizos, reuniones familiares o competiciones de tus propios hijos te has perdido o te perderás debido a tu dedicación deportiva? Necesitarás apoyos incondicionales, por los que siempre estarás agradecido.

Tu labor es mucho más que entrenar lo físico, lo técnico, lo táctico… Tú entrenas también para la vida. La práctica adecuada de un deporte desarrolla, desde una edad temprana, no solo cualidades físicas sino también personales, entre las que se encuentran las psicológicas. A veces, sin ser consciente, entrenas en valores como el respeto, la responsabilidad, el compromiso, la paciencia, la perseverancia, el reconocimiento, el apoyo, la humildad, el sacrificio, el saber reponerse ante la adversidad, el orgullo, la autoestima, el autoconcepto… Porque, si los niños no ven eso en ti, se pierde otra fuente de refuerzo. De ese modo, contrarrestas lo que el colegio o la familia inculca. Otras veces ocurre al revés. Por eso es tan importante la unión de todos.

Eres un educador, independientemente de tu juventud. Uno educa o deseduca con sus propios actos, no hacen falta títulos ni experiencia en la materia. Puedes llegar a ser el «ídolo» de tus jugadores. Muchas veces como entrenador conseguirás que el chaval haga cosas que sus propios padres o el colegio no consiguen, y esto es algo que hay que destacar y sobre lo que tienes que reflexionar. Tienes un gran poder de influencia.

Así que tienes motivos de sobra para querer y tener que hacer las cosas bien: los chavales. En un principio, lo único que desean es pasarlo bien, disfrutar, y estar con sus amigos o entablar nuevas amistades mientras practican un deporte. Poco a poco aumenta su compromiso, avanzan y ellos mismos quieren más, porque una de las condiciones humanas es el reto que tenemos como personas y el afán por mejorar en lo que hacemos y sentir que valemos.

Si queremos un desarrollo equilibrado de niños y jóvenes, la actividad física y deportiva tiene que estar presente. Pero los adultos debemos trabajar para que se cumplan las condiciones que garantizarán la formación integral, y no solo la deportiva, de los chavales. No puede hacerse deporte o ejercicio físico a cualquier precio. Independientemente de los motivos por los que se inscribe a los niños en las actividades, lo que los padres quieren es que sus hijos sigan educándose, por medio del deporte, en valores y en un estilo de vida saludable.

Los padres esperan de ti que sepas transmitir, que sepas enseñar, que seas justo, que apliques las normas a todos por igual. Tú, al mismo tiempo, también estarás pensando qué necesitas de los padres, qué actitudes y compromisos esperas de ellos, porque la realidad se impone. Padres y entrenadores están obligados a entenderse y, más que nunca, demostrar su inteligencia emocional por el bien del deporte infantil.

Para que el deporte base vaya sobre ruedas es necesaria la implicación de todas las partes:

- Niños: son los protagonistas de esta historia.
- Padres: apuestan y se sacrifican de forma directa e indirecta con su tiempo y su dinero para que sus hijos se eduquen y practiquen deporte.
- Entrenadores: sin ellos la práctica deportiva ni avanzaría ni se

perfeccionaría; se necesitan, sí o sí, formados, con recursos y comprometidos por la causa.

• Club-directiva: es la base o el fondo del deporte; tiene que gestionar de forma adecuada la práctica deportiva promoviendo acciones que faciliten y guíen la formación de los entrenadores y los padres.

• Afición (amigos, familiares, otras categorías): vive como si practicara el propio deporte; tiene que demostrar su apoyo incondicional pero gestionado emocionalmente.

Cuando dices sí a la propuesta de entrenar a un grupo de chavales dices sí a:

• Enseñarles un deporte.
• Transmitir valores.
• Educarles.
• Ser su Pigmalión.
• Tener paciencia en su evolución y saber reforzar.

Y para ello se necesitan una serie de habilidades que no siempre son innatas ni se aprenden cuando estudias para obtener el título de entrenador. Se trata de habilidades que, independientemente de la edad que tengas, deben entrenarse semana a semana, partido a partido y temporada a temporada, porque tú también estás en constante evolución. Si no te reciclas, caducas. Pequeños cambios cada año en la gestión de tu «pequeña empresa humana» permiten que el deporte esté rodeado de profesionalidad y de avances en las relaciones humanas. Cometer los mismos fallos demuestra que no aprendes de tus errores. No dejes en manos de los demás lo que tú puedes hacer. También puedes entrenarte para ser protagonista de tu propio cambio.

Uno de los eternos y agotadores problemas con los que se encuentran los entrenadores de categorías más jóvenes, en su relación con los padres, es la comunicación. Se trata de una de las habilidades más importantes que debe tener un entrenador. Cuando admiras a alguien por su forma de dirigir un entrenamiento, un partido o una conversación con unos padres, y te sientes identificado con ese modo de proceder, quizá te preguntes: ¿fue así desde el principio? La respuesta es: no. Sin embargo, lo mejor de todo es que no hace falta que pasen veinte años para que esto se cumpla.

Los hechos nos dicen que una larga experiencia entrenando no es predictor directo de una buena comunicación. El que no quiere o no hace por querer, pasa temporada tras temporada inmóvil, sin capacidad de adaptación, seguramente escondido en la frase «es muy buen entrenador». Pero ¿qué significa ser buen entrenador? El concepto ha cambiado y se exigen nuevas cualidades, por lo que ante las nuevas necesidades hay que ofrecer nuevos estilos. Aquí, más que nunca, la consigna es: «reciclarse o morir».

No podemos esperar que cada año los padres de los chavales que entrenas sean perfectos y hablen lo justo, cuando, como y donde nos gustaría. Nadie de la noche a la mañana se convierte en el entrenador perfecto, y con los padres sucede lo mismo. Esto no quiere decir que la solución sea tirar la toalla, no hacer nada, enviarlos al despacho para que expongan allí sus quejas como máquinas, o poner límite a los lugares del complejo deportivo que pueden frecuentar, para alejar así el problema. Cientos de padres no pueden ser gestionados por una misma persona.

La clave desde las directivas está en invertir y proporcionar herramientas, desarrollar habilidades en los entrenadores para que sepan gestionar su grupo de padres. Del mismo modo que en el colegio el director o la directora no recibe a los padres para hablar de sus hijos por sistema, ¿por qué en los centros deportivos tienen que ser distinto?

En realidad, en esencia, el funcionamiento es el mismo: niños que van a aprender algo en un centro, de la mano de diferentes profesores. Del mismo modo que los profesores de colegio tienen tutorías para hablar con los padres de los alumnos, los entrenadores tienen que hacerlo con los padres de los jugadores. Las razones para que seas tú el que te ocupes de ello son varias:

- Nadie mejor que tú en el club conoce a tus jóvenes.
- Eres su entrenador, el que pasa horas a la semana enseñándoles.

- Es parte de tu responsabilidad como educador transmitir a los padres sus avances, problemas, preocupaciones, cambios de conducta y comportamiento.
- Puedes idear un plan de acción conjunto para la mejora del niño.

## Misiones del entrenador con los padres

**Respeto de las normas.** Ayúdales a respetar las normas que hay en el club. Dan orden, seguridad y permiten que todo funcione mejor. Cuando algo se infrinja, busca el momento a solas para comunicarlo. No lo hagas delante de los demás, las personas se sienten atacadas y posiblemente no gestionen sus emociones. Ya conoces las consecuencias y sabes que no estarán a la altura de lo que era tu objetivo.

**Respeto a la figura del entrenador.** Incúlcales el respeto a tu labor como entrenador y educador. Tus acciones facilitarán esta tarea. No grites por gritar, no insultes, no ridiculices, sé justo en la aplicación de normas, valora su cumplimiento, destaca todo lo que se hace bien, y di cómo hay que hacer lo que no sale bien. El «eso así no» no vale si no les dices el cómo.

Trabaja con perseverancia, con mimo, con tacto. Cada uno de tus chicos es único e irrepetible. No todo sirve para todos. No lo olvides, están formándose, posiblemente decidiendo si siguen con ese deporte, haz lo posible para que se «enganchen» a él, así previenes el abandono deportivo. Amóldate a ellos, observa sin juzgar, sin etiquetar, sin comparar y verás los resultados.

**Fomenta la afición y apoyo sano con educación cada fin de semana.** No al insulto, no al desprecio de compañeros de cualquier equipo. Inculca que hay que valorar la actuación de cualquier chaval, no solo la de sus hijos. Enséñales cómo tienen que hablar con sus hijos del deporte. No en términos de ganar o perder, sino en términos de esfuerzo, de valentía, de asumir riesgos, de valorar actitudes y comportamientos. Un niño al que se le refuerza su sano atrevimiento es una persona que en el futuro se sentirá más segura, libre y decidida en su propia vida.

**Resolver dudas.** Da pautas para saber cuándo y dónde se desarrollan temas de conversación o dudas. No permitas el «aquí te pillo, aquí te mato» en los descansos, por los pasillos o tras finalizar un partido. Tienen que saber cuándo estás disponible, por tiempo y por la disposición emocional que tengan ambas partes. Hablar en un mal momento y de malas formas solo lleva al arrepentimiento, a pedir disculpas y, en algunos casos, a un alejamiento y a críticas posteriores por ambas partes.

**Reconoce cuando hacen bien las cosas.** Quizá pienses: ¡pero no somos niños! Sí, es cierto, pero todo ser humano necesita que le digan que hace bien las cosas. Recuerdas lo que sucede cuando tu madre hace la tortilla de patata y lo expresas con un simple «¡Mmmm!». ¡Cómo se le ilumina el rostro y esboza una sonrisa! Pues esa es muchas veces la clave. No siempre es necesario ir a un padre o una madre y decirles «Gracias por vuestro comportamiento» cada vez que sea correcto. Hay muchas formas de hacerlo: asintiendo con la cabeza, con un guiño, con un toque en la espalda, con un leve apretón en el brazo, con un ok con el dedo, con un «vuestro apoyo es fundamental» o «da gusto partidos así, con esta afición», haciendo que aplaudan a los chavales diciéndoles el motivo, para que detecten los buenos comportamientos, con un «¡qué fácil me lo ponéis» u «os agradezco vuestro esfuerzo»…

¿No crees que de esta manera contribuyes a un buen clima deportivo? El «aire emocional» que se respira es otro, y va en beneficio de lo que tenéis en común los chavales. Y ambos queréis lo mejor para ellos.

Los padres se comprometen más cuando destacas los comportamientos positivos que cuando se destaca lo negativo. No los etiquetes si lo que quieres es que avancen.

## Ejercicio 1

Ayúdales a sacar su mejor versión en los entrenamientos y partidos a medida que avanza la temporada. Al que grita, quizá puedas decirle: «Hoy he tenido la sensación de que intentabas controlarte más»; y a la madre sobreprotectora: «Veo que, ante la caída de tu hijo, hoy no le has preguntado que si estaba bien delante de todos, solo con la mirada os habéis entendido...». De este modo los vas comprometiendo poco a poco. Trabaja esas frases de este modo:

| Nombre del padre o de la madre | En qué destaca de forma negativa | Frases que fomentan el cambio |
|---|---|---|
| María | Sobreprotección | «Ha sido genial cuando no has corrido a coger a tu hijo en brazos cuando ha recibido el balonazo. Hoy tu hijo es un poco más fuerte. Gracias.» |

## Ejercicio 2

Todos los padres tienen algo bueno, así que no te quedes con lo que te perjudica, sino con lo que te ayuda. No te quedes con la etiqueta de sobreprotector o chillón, todos tienen sus razones que puedes desconocer.

| Nombre del padre o de la madre | En qué destaca de forma positiva |
|---|---|
| Emilio | Siempre colabora cuando se pide ayuda en los traslados el día del partido. |

**Responsabilizarles cuando las cosas no van bien.** Al igual que las acciones de los niños tienen consecuencias, o en la calle un adulto que infringe la norma tiene consecuencias, en un entorno deportivo también tiene que haber consecuencias. Es el primer paso, aunque no el último. Se pueden trabajar conjuntamente con el club y con los padres una serie de actuaciones en función de los hechos.

Por ejemplo, cuando un padre que insulta a un árbitro o al entrenador, sea del equipo que sea, o a otros padres, por vía correo electrónico se le comunica el día que tiene que asistir al club, coincidiendo con el entrenamiento de los chicos. Y durante unos minutos se disculpará, hablará del respeto, de las consecuencias, y de un breve compromiso para próximos partidos delante del equipo. De esta forma la educación en valores es asumida por parte de todos. Quedarnos en «eso que ha hecho y dicho ese padre está mal y no se hace», no va más allá de lo que ellos ya saben, que insultar y gritar no está bien. De la otra forma educas en la responsabilidad, en la empatía, en la buena gestión de las situaciones, en que el ser humano se equivoca pero también merece ser perdonado y no etiquetarle.

**Dar charlas formativas.** Como entrenador también puedes participar, impartiendo a los padres charlas que clarifiquen las funciones del deporte de sus hijos:

• Conocer las razones por las que los padres apuntan a sus hijos para que practiquen ese deporte y fomentar visiones complementarias. Hay padres que fomentan la actividad física y deportiva en sus hijos por el simple hecho de que simplemente hagan ejercicio, conozcan amigos, se relacionen, practiquen el deporte que les gusta a ellos o a sus hijos, pierdan peso, canalicen su energía... Pero tienen que conocer el resto de beneficios como herramienta educativa y psicológica. Los chicos aprenden a socializarse; a ganar y compartir sus logros; a tolerar la frustración; a conocer y gestionar sus emociones; a fomentar la confianza; a comprometerse; a fijar metas; a respetar las normas y a sus entrenadores, compañeros y árbitros, y a conocer retos. La práctica deportiva en los niños fomenta el liderazgo, el bienestar y la independencia; promueve una mejor gestión del tiempo; mejora el rendimiento escolar; ayuda a responsabilizarse de sus actos, de su ropa e higiene, de las normas; y enseña a ser puntual y a llevar una vida saludable.

• Que la práctica deportiva no se reduce a partidos, tiempos, canastas, es decir a ganar o a perder. Los padres deben ser conscientes de que el deporte educa por medio de todos: los entrenadores, los compañeros, la afición y ellos mismos. Que ellos son una pieza clave en la evolución de su hijo y de los hijos de los demás a todos los niveles. Entender y asumir esta responsabilidad es el punto de partida.

• Que aprendan a motivar de forma correcta. Motivar no es gritar, no es decir, «sé que lo harás», porque esta frase puede añadir presión. Conocer al joven deportista permite crear a su medida su «traje de motivación».

- Que sepan cómo comunicarse con su hijo tras un entrenamiento o competición, y aprendan qué deben decir cuando la tristeza o la rabia se apoderan de los pequeños después de perder un partido. Evitar las emociones, quitar importancia a lo ocurrido, o hacer como que uno no se entera, no es ayudarles a gestionar sus emociones. Las emociones están allí en el campo, en los banquillos, en el vestuario, en las duchas, en el viaje de vuelta, y hay que dejarles su espacio, saber gestionarlas y ayudar a que ellos las gestionen.

- Que aprendan a escuchar con interés y a respetar el momento en que los hijos cuentan algo sobre su deporte. A reforzar su actitud y esfuerzo y a saber ampliar sus miras destacando el aprendizaje que se va desarrollando.

- Que comprendan que el castigo por sistema sin hacer deporte no es la solución a todos los problemas de conducta y estudio. Genera emociones negativas y sentimientos de venganza. Además, lo señalarán como el culpable por faltar a los partidos y tener que realizar cambios de última hora. Son muchos los estudios que destacan que la práctica deportiva favorece el desarrollo intelectual. Como entrenador, realiza un seguimiento de sus estudios y ayúdales a organizarse o a planear horarios para favorecer su práctica deportiva y sus estudios, y a que estos no sean sus rivales eternos durante el curso.

**Reuniones informativas.** Unos padres informados son unos padres tranquilos. La falta de información crea inseguridad, y la reacción es intentar completar la visión de unos padres con otros, lo que transforma la realidad de forma inimaginable. Todos conocemos la dinámica del teléfono estropeado. No permitas que esto ocurra en el deporte. Los padres se ponen a la defensiva y, a la mínima, saltan, critican tus actuaciones y decisiones, tu forma de entrenar, etc., toda una espiral que no te beneficia ni para tu desarrollo, ni para el de los niños. Se sienten impotentes. Tienes que fomentar y motivar no solo la asistencia sino también la participación para aumentar la eficacia de los encuentros. Recuerda que, en el deporte, los monólogos no son productivos para el grupo. Observa si participan todos y, si no es así, busca estrategias como planear una pregunta, una duda, y que uno por uno ofrezca al grupo su opinión o punto de vista, sin olvidar reforzar y agradecer las intervenciones. Esto hará que se sientan más seguros y aumentará las probabilidades de que participen en la próxima ocasión.

Temáticas de las primeras reuniones:

• Informar de la práctica deportiva en sí de sus hijos acorde con la edad.

• Dar a conocer los objetivos como equipo y de forma individual según el proceso del año anterior. Si los chavales son nuevos, se puede preguntar en el club o el colegio de donde venían, y preguntar a los padres de forma individual.

• Comportamientos que se esperan de los padres, y protocolo de actuación consensuado en caso de incumplimientos. Se puede realizar un «Decapadres», un decálogo en el que los propios padres sean los autores.

• Plan de actuación para promover comportamientos que sumen en la educación deportiva de sus hijos

• Fomentar la adecuada comunicación para cuando surjan dudas o problemas.

Según avanza la temporada se valoran los progresos, se reflexiona acerca de las áreas de mejora y se fomentan actuaciones. De este modo se impulsa una mayor unión para un objetivo común.

Cada entrenador tiene que saber valorar sus necesidades y personalizar sus reuniones.

## Ejercicio 3

• ¿Qué te gustaría, como entrenador, fomentar en tu equipo de padres?

• ¿Con qué dificultades cuentas para llevar a cabo tu propósito?

• ¿Cómo vas a superar esos obstáculos? Dando a conocer los beneficios, pidiendo una oportunidad con un tiempo limitado...

• ¿Cómo vas a dar a conocer y recordar tus objetivos a los padres? Reuniones, mails recordatorios, nota en la mochila de los chicos...

• ¿Te animas a elaborar una entrevista para que la rellenen y te la entreguen? ¿Qué preguntas harías a los padres?

**Ejemplo:**

- Deportes que practica tu hijo.
- Desde cuándo practica (fútbol, baloncesto, gimnasia rítmica, natación, kárate, tenis...).
- ¿Quién tomo la decisión para la práctica de ese deporte?
- ¿Por qué crees que le gusta este deporte? En caso contrario, ¿por qué crees que no le gusta?
- ¿Ha tenido lesiones? ¿Cómo le afectó y cómo fue su recuperación?
- ¿Cómo reacciona cuando las cosas no le salen?
- ¿Dónde crees que están sus fortalezas?
- ¿En qué crees que puede mejorar?

Todas estas preguntas no solo te ofrecen datos para conocer, guiar y entrenar a tu deportista sino que también obligas a reflexionar a sus padres y transmites que tienes interés en su hijo. Para cualquier padre es vital sentir que su hijo es alguien más que el número de su camiseta o que su posición en el campo, en la cancha, o en la calle por donde nada o corre.

Es importante también entender a los padres que son juzgados por sus malas actuaciones, sin saber muchas veces qué hay detrás. Interésate por la experiencia con los anteriores entrenadores. Al igual que tú entrenas cada año a un grupo diferente, los padres también conocen a diferentes entrenadores y, como sucede en todas las profesiones, la responsabilidad del profesional, su seriedad y su compromiso no siempre es la misma en todos los casos. También hay entrenadores que no son puntuales, que no preparan los entrenamientos, que fuman en la puerta del club, que evitan a los padres, que insultan al árbitro... y esto no gusta a los padres.

Y a veces, en lugar de presentar una queja o transmitírselo al entrenador, los padres se callan hasta que un día explotan porque a su hijo lo han dejado en el banquillo por un mal comportamiento, por ejemplo. En realidad, como vemos, solo fue la gota que desbordó el vaso. No te tomes las críticas a la defensiva, da las gracias por ellas porque te va a permitir ser mejor entrenador si las aprovechas y las consideras como parte de tu aprendizaje.

Y cuando las cosas no salen como esperamos y hay discrepancias, es necesario:

- Escuchar, algo tan sencillo de entender pero difícil de aplicar. Cuando un padre viene como alma que se lleva el diablo, no necesita que le interrumpas y le digas que es un maleducado. Necesita que durante unos minutos le escuches. Tu comunicación no verbal tiene que ir en sintonía con la comunicación verbal. Todos hemos experimentado el hecho de estar hablando y que no nos escuchen. Mira a los ojos de forma tranquila, sin mirada retadora; cuida tu expresión facial; no cruces los brazos; no suspires ni hables por lo bajo; no muevas compulsivamente la pierna o el pie; no digas: «Es que así es imposible entrenar a nadie», porque la contestación será: «Pues vete si no vales»; guarda la distancia física adecuada. Asiente con la cabeza, y añade incentivos verbales como «ya», «lo sé», «es verdad». Llegará el momento en que, con educación y sin necesidad de gritar, puedas expresar tus razones con un tono de voz adecuado, y transmitir que puedes entender su postura. Quizá tengas que pedir perdón por alguna actuación que no ha sido correcta o reconocer que te has equivocado. Tranquilo, no pasa nada, el error no te desacredita… Juntos podéis promover un cambio, un compromiso sobre el tema tratado para acercar posturas o mejorar situaciones, o rectificar otras. Siempre hay que agradecer a unos padres que te transmitan el tipo de información que sea, pero si consideras que las formas no son las correctas, edúcales en cómo te gustaría que se desarrollara la próxima vez. Hablad en un tono que invite a conversar y no a pelear, sin faltar al respeto, dejando claro que todos queréis lo mejor para los chicos, que gritar no da razones sino que las quita, y que a nadie nos gusta que nos griten. Es preferible ir resolviendo las situaciones que esperar, porque el tiempo no lo soluciona. Puede que suceda al contrario, que lo dificulte y genere emociones que estallan a la mínima. Borra de tu lista contestaciones como: «Yo no entreno para que me grites», «Le voy a gritar a su hijo como me grita usted»… Y ten siempre presente que los niños nunca tienen que pagar por las actuaciones de sus padres.

En una situación extrema, aplaza la conversación. En este caso, valora las causas por las que no se pudo seguir, y si dependía de ti, aquí tienes un área de mejora. Como ves, es muy importante que entrenes tus habilidades relacionadas con la comunicación y el autocontrol emocional, que no solo te sirven en tu faceta deportiva sino también para la vida en general. Siempre puedes pedir ayuda a otro compañero, o al psicólogo del club si lo hay, o realizar cursos en los que te ayudan a desarrollarlas. Es una inversión segura si la pones en práctica. Aquí y ahora, más que nunca, necesitas de inteligencia emocional.

**Tras la reunión...** Es importante valorar los temas que se han tratado, las intervenciones, las soluciones y acuerdos que se han decidido para cumplirlos por ambas partes y hacer un seguimiento. Si lo que se habla no se cumple luego, se pierde credibilidad y se resta valor a las reuniones.

La clasificación de los padres en fotógrafos, analistas, entrenadores, chillones, sobreprotectores, taxistas, invisibles, sabelotodo, ojeadores... seguirá existiendo en un inicio, pero con tu tesón y tu capacidad de convencimiento podrás transformar sus actitudes ayudándoles a tomar conciencia de la repercusión que tienen en sus hijos. Muchos padres no se sienten identificados y, para cambiar algo, primero hay que ser consciente de lo que tiene que mejorar.

Es importante la transmisión de información de un entrenador a otro para dar continuidad al proyecto y que tu compañero no empiece de cero.

Sí, se sabe que habrá chavales que no seguirán por diferentes circunstancias pero no debe ser excusa. Tú mantente firme en tu tarea de educador, no te despistes por el camino y alcanzarás tus objetivos.

Incrédulos hay en todas las partes y porque algunos crean que esto no sirve de nada, no se puede anular y que paguen justos por pecadores. Se trata de un proceso lento al principio. No olvidemos que hay que cambiar un hábito muy asentado y todo lleva su tiempo: paciencia y que nadie desespere.

Una clave es hacer las reuniones por categorías, los padres se comprometen más que si citas al club al completo.

Ten a mano estos beneficios, que compartimos compañeros de la profesión, como psicólogos, acerca de las reuniones con los padres de forma individual o conjunta, cuando alguien quiera cuestionarlas. En los inicios de los cambios siempre hay que justificar con argumentos de peso, así que dar a conocer estos beneficios te ayudará a:

- Conocer con nombre y apellidos a los padres de los chavales de tu equipo, y así podrás dirigirte a ellos con más complicidad.
- Ofrecer la oportunidad de que te conozcan a ti como persona y tu trayectoria. Transmitirás tranquilidad y fomentarás la confianza.
- Conocer las expectativas que tenéis en la actividad deportiva y lo que conlleva. Siendo el lugar adecuado para participar o proponer alternativas. Donde no llega uno, puede llegar otro.
- Poner en común posibles situaciones relacionadas con estudios, castigos, comportamientos.
- Se quiere transmitir en el deporte el trabajo en equipo, y nos preguntamos ¿qué mejor forma de demostrarlo que con vosotros? Padres y entrenadores deben jugar su «partido» por el bien de sus chavales.
- Donde se fomentan y se refuerzan las buenas actuaciones de los entrenamientos y partidos.
- Facilitan tu trabajo, haciendo que te sientas más capaz y valorado porque no tienes la impresión de que vas a contracorriente y dudando de tus capacidades.
- Los tiempos cambian y los padres también. Es una realidad a la que no podemos dar la espalda. La sociedad pide «a gritos» comunicación.

Ten siempre presente que el tiempo que dedicas a estas actuaciones no es tiempo perdido sino tiempo invertido. Invierte parte de tu tiempo de entrenamiento a entrenar a los padres, porque no son meros transportes de sus hijos y pagadores de sus actividades. Los clubes que han comenzado a realizar estas actuaciones lo valoran positivamente.

**Ejercicio 4:**

Por último, ¿te animas a realizar un breve cuestionario que pueden rellenar de forma anónima para cerrar la temporada? Podrías preguntar:

- ¿Qué es lo que más os ha gustado de mi papel como entrenador?
- ¿Dónde crees que puedo mejorar?
- ¿Cuándo he fallado como entrenador y/o educador?
- ¿En qué áreas crees que tu hijo ha mejorado? (Puedes guiarles en la contestación o poner ejemplos de diferentes áreas: física, técnica, táctica, psicológica, valores...).
- ¿Qué podemos organizar en cuanto a la organización, normas, reuniones?

De este modo es más fácil que puedas elaborar tu informe final de temporada acerca de los padres. Una especie de boletín de notas que su propio hijo puede entregarles.

No olvidemos que, juntos, la vida es mejor; que lo que se comparte se disfruta más, y que, ante la adversidad, el apoyo nos hace crecer. Los padres tienen que aprender a acompañar positivamente en las diferentes etapas por las que su hijo va a pasar.

Hay que hacerlo todo por ellos, los protagonistas, los millones de niños que cada año se inician en el deporte.

**Propuesta:** ¿qué os parece colocar unos buzones de sugerencias para cada entrenador en el que los padres puedan dejar sus propuestas, cuestionarios...?

Quiero agradecerte, entrenador, directivo o club, todo lo que haces por mejorar temporada tras temporada lo que rodea la práctica deportiva de los más pequeños.

No tires la toalla, a veces los cambios cuestan, y hay que soportar críticas, es parte del proceso. La postura cómoda para muchos es no salir de la zona de confort y esto estanca al deporte y a las personas.

No actúes esperando agradecimientos, actúa con cabeza y el corazón, y siempre pensando en los niños y en su futuro como personas y como deportistas. En ellos está la mejor de las recompensas.

El futuro del deporte depende de todos, pero unidos ese futuro es mejor.

## Habla el míster

*¡Qué difícil es educar y formar bien a niños y jóvenes... pero qué reconfortante es también! Lo es incluso más dependiendo del niño y, sobre todo, de sus padres. Me gusta mucho ver partidos de fútbol base, no solo por ver cómo juegan los niños, con qué pasión, con qué inocencia, con qué naturalidad... Pero mucho mejor lo harían algunos si no fuera por sus padres. Veo constantemente niños jugando y buscando la aprobación de sus padres en cada acción, veo padres diciéndoles a su hijo lo que tienen que hacer en todo momento, veo padres gritando: «¡Tú solo!», «¡Este entrenador no sabe, tendría que hacer cuál, tendría que hacer tal!...», y otras cosas por el estilo. Estoy seguro de que, si se vieran, actuarían de otra manera, pero no solo se están «delatando» ellos mismos sino que muchas veces sus hijos se avergüenzan de la actuación de sus padres en este tipo de situaciones. Vivimos en el mundo de la crítica y del «yo sé más que tú». Por eso es muy importante el papel del formador/entrenador del niño. Cuanto más conozca al niño y su entorno —especialmente a sus padres—, su ayuda tendrá mucho más éxito.*

*Quiero romper una lanza a favor de muchos entrenadores de base porque, aparte de lo difícil que es tratar con algunos padres, además tienen que «lidiar» con algunos jefes. Me explico. En anteriores capítulos he comentado que no me parece bien que el entrenador de base busque solo el resultado, por encima de la formación de sus jugadores. En algunos casos esa búsqueda del resultado viene dada por sus «superiores». Pero si los entrenadores de base tuvieran la certeza de que sus jefes van a valorar más sus resultados formativos que sus resul-*

tados deportivos, quizá nos encontraríamos con menos entrenadores «presionantes» y más entrenadores dedicados a formar personas y jugadores. En muchos casos los entrenadores «presionantes» tienen unos «superiores presionantes de resultados». No me cansaré de repetir que de nada sirve ganar la Liga alevín si hay chicos que no han mejorado en absoluto de un año para otro. Eso solo puede servir para conservar su puesto... hasta que haya algún jefe que haga prevalecer la formación por encima del resultado. No es fácil, porque a todos nos gusta ganar, pero siempre debemos ser conscientes de a quiénes estamos formando y qué edad tienen —soy de los que piensan que en cada edad hay que enseñar a los niños cosas diferentes, hasta llegar a la etapa de la competitividad profesional.

Como en cualquier otra etapa del formador/entrenador, en todo lo que exijas, en todo lo que propongas y se acepte, debes dar ejemplo, tienes que predicar con el ejemplo. Si les dices a tus jugadores, o a tus niños, que hay que respetar al rival, que hay que respetar al árbitro, que hay que respetar a los aficionados... tienes que ser el primero en hacerlo. Y no solo tienes que hacerlo cuando todo va de cara o todo funciona perfectamente, sino también en los momentos más complicados. Si no te exiges eso, ¿cómo vas a exigirlo a los demás? En Inglaterra existe la bonita tradición de saludar y aplaudir a la afición una vez terminado el partido, sea cual sea el resultado. Es un claro ejemplo de respeto y agradecimiento mutuo, un ejemplo que estaría muy bien instaurarlo en todas las categorías de nuestro fútbol.

ÓSCAR GARCÍA

# Agradecimientos

A los líderes que me inspiraron por su buen hacer. Esos que me enseñaron que el fútbol es algo más y que se puede liderar de otra manera: Gregorio Manzano y Pepe Mel. Y a ti Óscar García, porque desde el primer día reconocí en ti esa versión del líder que cualquier equipo de persona necesita. Vosotros sois la reafirmación de que este tipo de liderazgo funciona.

Gracias a Carlos Martínez y Random por darme la oportunidad de escribir este libro que tanta ilusión me hacía. Estaba emocionada con la idea, conocía la realidad de los vestuarios y sentía que había que escribir algo para dar la vuelta a tanto líder que se empeña en seguir machacando con el error y obteniendo autoridad con el grito más que con el argumento. Gracias por tu confianza Carlos, por cómo fluye el trabajo contigo y por invitarme a formar parte de vuestra casa. Y gracias a ti Carmen por presentarnos en su momento.

Y a los de siempre, que son los que siempre están. Esa pedazo de abuela, mi padre, su mujer y mis hermanos. Y mis amigos de siempre. Estos pilares, que libro tras libro, siguen en pie, robustos, fuertes, dándome la seguridad y confianza que todos necesitamos.

Doy las gracias a mis seguidores, por su agradecimiento constante a mis pequeñas aportaciones en las redes sociales. Porque son ellos los que me inspiran y me orientan sobre lo que es de interés y lo que no.

Y gracias a los medios de comunicación que permiten que divulgue mi trabajo y llegue a tanta gente. Porque dan valor y difusión a mis palabras e intervenciones. Y porque sin ellos nunca me hubiera podido sentir tan realizada como me siento dando a conocer mi trabajo. Gracias a *Para Todos la 2* de TVE, *La Tarde* de COPE, a *El País Semanal*, a *Marca*, al *Huffington Post*, a *Partido a Partido*, *Sportlife* y a otros medios que de forma puntual me invitan a participar.

Gracias a todos.

Patricia


Mi agradecimiento hacia ti Patricia por dejarme colaborar en el libro.

Óscar